화내지 않는 기술

아까운 내 인생 분노 없이 즐기는 성공 습관

화내지 않는 기술

시마즈 요시노리(Shimazu Yoshinori) 지음

for book

이 책을 읽게 된 한국의 독자들에게…

우선, 이 책을 한국의 독자들과 함께 볼 수 있게 되어 대단히 기쁘게 생각합니다. 진심 어린 감사의 마음을 전합니다.

실은 이 글을 한창 쓰고 있을 무렵, 동북관동대지진이라고 하는, 일본의 역사에 남을 만한 비극적인 사건이 일어났습니다. 피해를 입은 사람들은 먹을 것은 물론 생필품조차 구할 수 없는 상황에 처했으며, 스트레스 때문에 모유가 나오지 않는 엄마들이 속출했고, 추운 날씨임에도 모포 한 장 없이 잠들어야 하는 고통을 겪어야 했습니다. 의약품이 없어서 병을 다스리지 못하거나, 기름이 없어서 자동차를 움직이지도 못한 채 생활해야 하는 경우가 대부분이었습니다. 밥을 먹고 싶고, 목욕을 하고 싶고, 화장실에 가고 싶은… 지극히 일상적인 모든 욕구들을 채울 수 없게 된 것이지요. 그런 메시지를 접할 때면 마음이 옥죄는 듯 아픔을 느꼈습니다.

그러나 고맙게도 고통을 당한 대부분의 사람들이 벌어진 상황을 차분하게 받아들이고 있는 듯합니다. 너무도 불안하고 참을 수 없을 정도로 화가 나는 그 상황을 필사적으로 컨트롤하고 있는 것이지요. 이번 참사를 통해 해외에서도 일본인들의 절제된 모습에 높은 경의를 표하는 메시지가 많아진 모양입니다.

얼마 전, 저는 한국의 친구로부터 한 통의 편지를 받았습니다. 이번 지진해일의 보도로 한국인들도 대단한 충격을 받았다고 했습니다. 그런데 한국 내에서는 그 엄청난 상황에서도 조용히 줄을 서서 차례를 기다리고, 쓰레기 분리수거를 하고, 타인을 배려하는 모습 등이 대단한 화제가 되었다고 했습니다. 한국 사람들은 역사적인 이유로 일본인들을 싫어하는 사람이 많지만, 일본인들이 보여준 질서 의식에 대해서만은 대단한 감동을 받았다는 말도 적혀 있었습니다.

하지만 고통 받고 있는 당사자들이 그렇게 행동하고 있다고 해서 마음속에 아예 화가 없는 것은 아닐 것입니다. 오히려 눈앞에서 벌어지고 있는 부자유한 상황에 대해 화를 표출하거나 분노를 터뜨리고 싶은 마음이 가득하리라고 생각합니다.

그런데 만일, 피해 지역에 분노를 컨트롤할 수 없는 사람들이 많았다면 어떻게 되었을까요? 모르기는 해도 같은 피해를 입은 주위 사람들에게 상처를 주고, 협력과 배려가 우선되어야 하는 공동체 생활의 균형을 깨뜨려 놓았겠지요. 그렇게 화를 낸다고 해서 상황이 달라지는 것도 아닌데 오히려 더 큰 문제들을 만들어가는 셈이 되지 않았겠습니까?

그래서 새삼, 피해 지역의 많은 주민들에게 감동을 받게 되었습니다. 어려운 순간에도 분노를 컨트롤하고, 다른 사람을 배려하고, 긍정적인 마음으로 다시 합심해서 일어선다면, 그들에게도 머지않아 좋은 날이 찾아올 것이라고 확신합니다.

화는 참으로 귀한 내 삶을 헛되이 낭비하게 만드는 필요악입니다. 왜냐하면 살면서 벌어지는 수많은 상황들 속에는 화를 내고 싶은 순간이 무수히 많은 까닭입니다. 하지만 화를 내지 않게 되는 기술을 익혀둔다면 당신이 느끼고 있는 분노의 감정이나 일, 연애, 인간관계는 물론, 직장 생활, 공부, 미용, 건강 등 인생의 숱한 고민들을 해소할 수 있을 것입니다.

일본은 물론 여기, 내가 살고 있는 싱가포르에서도 한류 스타들은 남녀를 불문하고 대단한 인기를 얻고 있습니다. 초절정의 인기를 얻고 있는 한류 스타들의 얼굴에는 감사와 웃음이 가득 차 있습니다. 그들의 얼굴을 보면서 '인기를 얻을 수밖에 없는' 이유가 바로 그 얼굴에 있다고 생각했습니다. 그들이라고 해서 화나는 상황을 전혀 겪지 않는 것은 아니겠지요. '어쩔 수 없어서'라고 해도 웃고 있기 때문에, 긍정적인 생각을 하고 있기 때문에, 유쾌한 모습을 보이고 있기 때문에 환호를 받을 수 있는 것이지요.

아무쪼록 이 책을 손에 넣은 당신이라면 중도에 내려놓는 일 없이 끝까지 읽어 주시기를 바랍니다. 당신의 꿈이나 희망, 비즈니스에서 성공을 이룰 수 있는 비책들이 곳곳에 숨어 있다는 것을 공감할 수 있게 될 것이기 때문입니다.

화내지 않을 수 있는 마인드 컨트롤을 통해 당신의 귀한 삶이 더욱 값지게 채워질 수만 있다면, 그래서 수많은 한국의 독자들이 행복한 얼굴을 갖게 될 수 있다면 제 마음도 더없이 행복할 것 같습니다.

시마즈 요시노리

Contents

Part 5 '어쩔 수 없이 화가 나는 순간'을 위한 비책들
화가 날 때 당장 효과 보는 11가지 특효약

Epilogue '당신 참 멋지다!'라는 말을 들으며 살아간다는 것

Prologue

분노를 줄이면 인생이 맛있어집니다

하루하루를 살아가면서 이런 생각을 한 적이 없는지요?

'나는 왜 늘 이렇게 안달복달일까?'

'왜 자꾸 버럭버럭 화부터 내는 거지?'

'오늘도 조금만 참을 걸. 또 화부터 내고 말았잖아.'

당신이 어떤 계기로 이 책을 손에 넣게 되었는지는 모르지만, 아마도 이 책을 다 읽어갈 즈음이면 '이 책을 읽기를 정말 잘했어!'라는 생각을 갖게 될 것입니다. 왜냐하면 이 책에는 당신의 인생을 확실히 좋은 방향으로 이끌어줄 방법이 기록되어 있기 때문입니다.

나의 이런 말에 '그런 방법은 예전에도 있었잖아!'라고 생각하는 독자들도 있을지 모르겠습니다. 지금껏 수많은 마인드 컨트롤 비법에 대해 읽었어도 잘 되지 않았노라고 고백하는 독자들도 있을 것입니다. 그러나 지금부터 만나게 될 이 책의 내용은 지금 당장이라도 간단하게 시작할 수 있는 일들이기 때문에 특별합니다. 아주 쉽고 빠르게 마음을 변화시키는 방법. 바로 이것이 제가 여러분들에게 전하고 싶은 기술들입니다.

'마음을 바꾸면 인생이 변화되는 이유'에 대해 말하기 전에 내가 왜 이 책을 쓰게 되었는지를 먼저 이야기해야 할 것 같습니다. 나는 스스로 독립해서 일군 회사를 주식 상장에 올릴 만큼, 나의 분야에서 큰 성공을 거두었습니다. 또한 지금까지의 경험을 바탕으로 후진들을 육성하는 교육 사업을 하고 있습니다. 그렇게 앞을 향해 달려오면서 수많은 사람들을 만나게 되었고, 사람들을 만날 때마다 '모두가 저마다 훌륭한 자질을 갖고 있는데도 잘 활용하지 못하고 있다'는 생각을 수없이 하게 되었습니다.

그래서 이 책을 통해, 다양한 방법으로 자신의 좋은 자질을 계발할 수 있는 어떤 계기를 만들어주어야겠다고 생각했습니다. 그것은 곧 마음이나 감정을 컨트롤하는 것의 중요성과 그 실천 방법을 전하는 것입니다.

물론, 나 자신 역시도 이제부터 소개하려고 하는 방법들을 통해 인생을 몰라보게 바꿔놓게 되었음을 고백합니다. 그러므로 이 방법은 철저한 체험에서부터 시작된 것이라고 할 수 있겠지요.

마음을 바꾸면 인생은 몰라보게 변합니다

'마음을 바꾼다'는 것은 곧 '기존에 자신이 갖고 있던, 사물이나 사건을 받아들이는 태도를 바꾼다' '생각하는 방법을 바꾼다'라는 의미입니다. 가령, 외판원을 생각해 봅시다. 대부분의 외판원들은 비가 오는 날이면 이렇게 생각할 것입니다.

'웬 비야? 오늘, 물건 팔기는 다 글렀군.'

'아, 짜증나. 왜 이렇게 허구한 날 비가 오는 거야?'

아마도 외판을 포기하거나, 아니면 포기하고 싶은 마음을 갖게 되는 경우가 많을 것입니다. 그러나 될성부른 외판원은 조금 다른 생각을 할지 모릅니다.

'오늘 같은 날은 대다수의 외판원들이 일을 포기하고 있을 거야. 그러면 판매 경쟁도 줄어들 테고, 이럴 때일수록 고객을 찾아가면 실적도 올리고, 고객으로부터도 좋은 반응을 얻어낼 수 있을 거야.'

비가 오는 똑같은 상황에서 각자 비를 받아들이는 태도나 마음의 차이가 결과에 크게 영향을 미치는 것은 두말할 필요가 없습니다. 그게 바로 우리의 인생인 것입니다.

마음이나 감정을 컨트롤할 수 있다는 것은 인생도 컨트롤할 수 있다는 뜻이 됩니다. 더욱 놀라운 것은 마음을 바꾸면 지나온 시간도 바꿀 수 있다는 사실입니다. 즉, 우리가 살아가면서 부닥치게 되는 일들을 어떻게 받아들이느냐에 따라 과거도 변화시킬 수 있다는 뜻이죠. 그렇다면 아마도 많은 사람들이 제게 물을지도 모릅니다.

"과거를 어떻게 바꿀 수 있죠? 그게 가능합니까?"

사실 그런 의문이 생기는 것은 당연한 일일 수도 있을 것입니다. 좋습니다. 그럼 여기서 잠깐, 함께 생각해 봅시다. 만약 당신이 실연을 당했다면 어떤 생각을 하게 될까요?

'그와 헤어지지만 않았더라도 지금처럼 살지는 않았을 거야.'

'헤어졌지만 괜찮아. 앞으로 더 좋은 사람을 만나거나 이보다 훨씬 행복한 인생이 나를 기다리고 있을 거야.'

당신은 어느 쪽에 가깝습니까? 당신의 생각이 전자인지 혹은 후자인지에 따라 당신의 미래는 확연히 달라질 것입니다. 정확하게 말해 당신이 과거의 실연을 받아들이는 방법에 따라 당신에게 있던 '나쁜 과거'도 '좋은 과거'가 될 수 있다는 의미입니다.

우선은 '화내지 않는' 연습부터 시작합시다

지금 내가 당신에게 권하고 싶은 것은 화내지 않는 방법입니다. 실제로 나 역시 어느 순간, '앞으로는 절대 화내지 않고 살겠다'고 결심한 이후, 인생이 점점 좋은 방향으로 풀려왔습니다. 성공의 파도에 승선했다고도 할 수 있습니다.

그도 그럴 것이 나는 28세 때 독립하여 작은 회사를 차리고, 그 회사의 대표이사가 되었습니다. 그 다음 해에는 그동안 알고 지냈던 두 사람의 경영자와 함께 업계 최초로 프랜차이즈 사업을 시작했습니다. 그러고는 창업 이래 일관되게 목표로 세웠던 주식 상장을 할 수 있게 되었습니다. 말하자면 창업 5년 만에 자본금 52억 엔의 회사로 키워 상장 회사로까지 발전시킨 것이죠. 현재는 사업을 전환하여 예전부터의 꿈이었던 교육 사업을 시작하여 후진 양성에 매진하고 있습니다.

또한 싱가포르에 살면서 오래전부터 나의 꿈이었던 해외 생활도 실현하고 있습니다. 싱가포르 회사 경영을 도와준 것이 계기가 되어 리더스 아카데미 싱가포르 학교도 개교하게 되었습니다. 나의 이러한 성공이 모두 '화내지 않는 것'에서부터 시작되었다고 하면 당신은 믿을 수 있겠습니까? 그런데 독자들이 어떻게 생각하든 그것은 진실입니다.

그러므로 사물을 받아들이는 방법, 생각하는 방법을 바꾸는 것을 첫걸음으로 하여, 여러분 모두가 화내지 않고 살아갈 것을 권합니다. 화내지 않는 습관을 들이면 마음이나 감정의 컨트롤이 가능해지고, 더불어 인생을 컨트롤할 수 있는 능력까지 기를 수 있게 될 것이기 때문입니다.

과거의 나는 화내는 것밖에 모르던 사람이었습니다

사실, 나 자신도 원래는 매우 급한 성격으로 '버럭버럭'에 일가견이 있었습니다. 내 이야기를 조금만 더 해볼까요? 대학 졸업 후 벤처 계열의 영업 회사에서 근무했습니다. 입사 당시부터 영업 성적이 좋았고, 24세에 매니저가 되었습니다. 매니저가 되고 3개월 후, 전국에서 매상을 겨루는 대회가 개최되었는데 거기에서 전국 1위를 차지하기도 했습니다.

나의 자신감은 하늘을 찌를 듯한 기세였습니다. "내가 말하는 대로 하면 틀림없다”고 부하 직원들에게 역설했고, 실적을 올리려고 기를 썼습니다. 하지만 머지않아 실적은 점점 떨어졌습니다. 그런 대로 수위는 유지하고 있었으나 1위에서는 자연스럽게 밀려나 있었습니다.

실적이 떨어지는 이유는 다름 아닌, 나의 매니지먼트 방법에 있었습니다. 그때 내가 했던 것은 〈KKD 매니지먼트〉였습니다. KKD란 내가 만든 합성어로 ‘공포’ ‘협박’ ‘독기’의 머리글자를 딴 것입니다. 나는 종종 부하 직원들을 손으로 찌르고, 작은 기물들을 던지기도 했으며, 휴지통을 발로 뻥뻥 차고 다니기도 했습니다. 아침부터 저녁까지, 나의 하루는 온통 부하 직원들에게 공포와 협박, 독기를 부리는 일의 반복이었습니다.

무엇보다 내 자신이 원래 참을성이 없고, 극도로 급한 성격의 사람이었습니다. 사실 나는 어린 시절부터 무슨 일이 있으면 신중하지 못하고 안달복달했던 것 같습니다. 지금 생각해 보면 그것은 바로 나 자신이 겁쟁이인 데다, 지극히 소심한 성격을 가지고 있었기 때문에 나온 행동이었을 것입니다.

화내는 어른들이 점점 더 늘고 있습니다

요즘 세상에는 화내는 일이 만연되어 있는 것 같습니다. 실제로 2008년, 일본 경찰청에서 발간한 「범죄백서」라는 통계 자료에 의하면 폭행으로 검거되는 사람의 비율에 커다란 변화가 있었습니다. 10대는 감소하거나 낮아지는 추세인 반면 20대 이상, 특히 고령으로 갈수록 폭행률이 증가하거나 상승세를 보이고 있는 것으로 나타났습니다. 이는 점점 경쟁이 치열해지는 직장생활이나 생활환경이 그 원인으로, 스트레스가 증가함에 따라 나타나는 현상으로 볼 수 있을 것 같습니다. 그렇다면 이렇게 힘든 상황에서 결코 화를 내지 않는다는 것은 완전히 불가능한 일일까요?

우선, 지금까지 자신이 화를 냈던 장면들을 떠올려 봅시다. 곰곰이 생각해 보면 당신은 모든 장면에서 화를 낼 수도 있었지만, 참을 수도 있는 선택의 여지가 분명 있었을 것입니다. 이는 한순간의 판단에 달려 있기도 합니다. 1초도 안 되는 극히 짧은 순간에 당신의 뇌가 판단할 수 있는 일입니다. 그럼에도 불구하고 당신이 화내는 쪽

을 선택했다는 것은 부인할 수 없는 사실입니다. 결국 당신은 화내지 않는 쪽을 선택할 수도 있었습니다. 이것이 바로 '마음'이나 '감정'의 컨트롤이라는 것입니다.

화내지 않고 살겠다고 마음만 먹어도 좋은 기회, 좋은 만남, 좋은 정보, 좋은 일, 건강 등이 찾아올 것입니다. 만약 당신이 누군가에게 길을 묻게 되었을 때 '웃으면서 답해 주는 사람'과 '화난 표정으로 답해 주는 사람'이 있다면 어느 사람에게 다가갈 것 같습니까? 당연히 웃으면서 답해 주는 사람이겠지요. 누구라도 웃으면서 말하는 사람에게는 말을 걸기가 쉽다고 느끼기 때문에 자연히 여러 가지 좋은 이야기들이 그에게 들어오는 것입니다.

이 책을 통해 '화내지 않는 나'가 되기를 바랍니다

이 책의 제1장에서는 〈행복한 인생을 만들기 위해 해야 할 3가지 룰〉에 대해 소개를 했습니다. 제2장에서는 〈사람의 감정이란 대체 무엇인가?〉에 대해 설명하면서 당신의 마음속에서 일고 있는 감정의 본질에 대해 이해해 보기로 했습니다. 제3장은 〈마음이나 감정을 컨트롤하는 것의 중요성〉에 대해, 그리고 제4장은 〈버럭버럭, 안달복달하지 않게 만드는 습관〉에 대해 소개했습니다. 여기에서 소개하는 습관을 단 하나만이라도 실천할 수 있다면 당신의 인생은 분명 좋은 방향으로 흘러갈 것입니다.

제5장에서는 〈그럼에도 불구하고 어쩔 수 없이 화를 내게 될 때의 특효약〉에 대해 소개했습니다. 인간이란 약한 존재이기 때문에 아무리 노력해도 어쩔 수 없이 화를 내게 될 때에 대비한 대처 요령인 셈입니다. 이러한 대처법을 알고만 있어도 당신의 인생을 쓸모없이 낭비하는 일들은 점차 사라지게 될 것입니다.

이 책이 당신의 인생에서 조금이라도 좋은 역할을 해준다면 그것만으로도 저자인 저로서는 더할 나위 없는 행복을 느끼게 될 것 같습니다.

Part1

성공적인 인생을 만들기 위해 해야 할 일들

행복해지는 연습

행복한 인생을 만드는 3가지 마인드

1 생명과 시간보다 더 중요한 것은 없다.

2 인생은 생각대로 되지 않기 때문에 재미있다.

3 고뇌와 기쁨은 한곳에서 출발한다.

생명과 시간을 중요시한다는 것

누구나 성공에 대한 특별한 욕구를 가지고 있게 마련이다. 그렇다면 성공에 도달하는 방법이란 대체 무엇일까?

인생에는 가장 심플한 성공 법칙이라는 것이 있다. 생각해 보자. 전 세계에는 다양한 인종과 민족이 존재하며 어떤 나라에 살고 있는가에 따라 주거 환경도 다를 수밖에 없다. 이밖에 남녀의 차이, 능력의 차이 등 다양한 차이가 있을 수 있다.

그럼에도 불구하고 만인에게 공통적으로 주어지는 2가지가 있는데 그중 하나가 생명이다. 그리고 또 하나는 시간이다. 이 두 가지는 누구에게나 평등하게 주어졌기 때문에, 인생에서 가장 심플한 성공 철학이란, 바로 이 생명과 시간에 늘 감사하는 마음을 갖는 일이다.

생명과 시간을 중시하는 일을 인생의 첫 번째 룰로 잡은 것도 이 때문이다. 여기에서 말하는 생명에는 건강이라는 의미도 포함되어 있다. 또한 넓은 의미에서 생명이란 시간과 동의어라고도 말할 수 있다. 인간의 평균 수명은 약 80세. 물론 이보다 일찍 사망하는 사람도 있고, 더 오래 장수하는 사람도 있다.

우리가 단지 80년의 시간을 살 수 있다면, 1초라도 헛되이 흘려보내서는 안 될 것이다. 1초라는 시간을 헛되이 소비하는 것은, 곧 생명을 헛되이 버리는 것과 같은 뜻이기 때문이다. 그렇지만 아직도 생명과 시간을 낭비하는 경우를 종종 볼 수 있다. 그것은 바로 '분노'라는 감정 때문이다.

화를 낸다고 해서 결과가 달라지는 것은 아니다

어느 날 스포츠클럽에서 벌어진 일이다. 러닝머신을 사용하고 있던 K씨가 화장실에 간 사이 L씨가 와서 그 러닝머신을 가로챘다. K씨가 사용한 러닝머신은 제일 가장자리에 있었기 때문에 사용하기 편하다는 장점이 있었다.

K씨는 그 머신을 계속 사용하고 싶었다. 그래서 임자가 있는 자리라는 것을 알려주기 위해 자신의 짐들을 그 위에 올려놓고 자리를 비웠다. 그런데 나중에 온 L씨가 그 짐들을 옆의 빈 러닝머신 위에 치워놓고, K씨가 사용하던 머신 위에서 운동을 시작한 것이다.

잠시 후 화장실에서 돌아온 K씨는 L씨에게 "죄송합니다만, 혹시 이곳에 놓여 있던 짐들을 보지 못했습니까?"라고 물었다. 그러자 L씨가 짐이 놓여 있는 러닝머신을 가리켰다. K씨는 이어서 "이 머신은 제가 사용하고 있던 것인데요"라고 말했지만 L씨는 들은 척도 안했다. K씨가 다시 말했지만 L씨는 여전히 K씨의 말을 무시하고 있었다. 참다 못한 K씨가 다시 말했다.

"이보시오! 이건 내가 사용하고 있던 머신이란 말이요. 안 들려요?"

그래도 L씨는 여전히 그의 말을 무시했다. 화가 난 K씨, 자신의 짐들을 다시 L씨가 걷고 있는 러닝머신 위에 올려놓으면서 "이 머신은 내가 사용하고 있던 것이니 비켜주시죠"라고 흥분된 어조로 말했다. 그러는 사이 큰소리가 이어지고 옥신각신하는가 싶더니 결국 K씨가 자신이 사용하던 머신을 차지하고, L씨는 다른 머신으로 옮겨갔다.

나는 그 상황을 지켜보면서 이런 생각을 했다. 러닝머신을 다른 사람에게 빼앗긴 K씨는 원래의 머신을 사용해도, 다른 머신을 사용

해도 그날 얻을 수 있는 운동 효과는 똑같았을 것이다. 그렇지만 자신이 사용하던 머신을 다른 사람에게 빼앗기게 되자, 화가 나서 결국은 싸움까지 벌이게 된 것이다.

내가 만약 K씨였다면 과연 어떻게 대처했을까? 물론 불쾌감은 감출 수 없었을 것이다. 하지만 L씨와 싸우는 것이 나에게 무슨 득이 될까 생각했을 것이다. 결론은 싸워봐야 결코 좋을 게 없다는 것을 깨달았을 것이다. 옆에 있는 어느 머신을 사용해도 그날 얻을 수 있는 운동 효과가 달라지는 것은 아니기 때문이다. 그래서 나는 'L씨란 사람은 상대에 대한 예의가 없는 사람이구나'라고 생각하며 다른 머신을 사용했을 것이다.

자신이 얻을 수 있는 성과에 변함이 없다면, 결코 안달복달하거나 버럭버럭하는 일은 삼가야 한다. 약간의 참을성을 발휘하여 같은 결과를 얻을 수 있다면 불쾌해지지 않는 쪽을 택하는 것이 결국은 자신을 위한 일이기도 하다. 버럭버럭 화를 내거나 안달복달하며 시간을 낭비하는 것은 곧 인생을 낭비하는 것과 같다.

지금은 하이브리드 자동차가 달리고 있는 시대다. 마찬가지로 쓸데없는 일로 화를 내서 에너지를 소비한다는 것은 결코 옳지 못한 일이다. 결과에 변함이 없다면 자신의 감정도 절제하는 편이 낫다. 즉, 반드시 필요한 곳에 자신의 에너지를 쏟아야 한다는 뜻이다.

가장 좋은 위치에 놓인 러닝머신을 차지하기 위해

두 명의 남자가 소소한 다툼을 벌였다.

생활 속에서 얼마든지 일어날 수 있는 일이다.

그런데 만약 당신이 이런 일을 겪었다면,

당신이 그 당사자였다면 어떻게 했을까?

우리는 두 남자 중 누구의 상황이든 겪을 수 있다.

자신이 쓰고 있던 러닝머신을 되찾고 싶은 남자와

사용 중이지만 잠시 비어 있던 러닝머신을

쓰고 싶은 남자.

양쪽 모두의 입장이 되어 나 자신에게 물음을 던져보자.

그때 '나라면 어떻게 했을까?'라고 말이다.

또한 그 상황을 '화내지 않고' 피해 가는 방법도

마음속에 입력시켜 두자.

이런 물음과 해답들이 수시로 입력되면

사소한 화를 컨트롤하는 일이 조금은 쉬워질 테니까.

만약 당신이었다면 화내지 않고 넘기기 위해 그 순간 어떻게 말하고, 행동했을까?

쉽게 화를 내는 사람은 남보다 일찍 죽는다

화를 내는 일은 곧 생명을 단축시키는 일이다. 베스트셀러「면역혁명」의 저자이자, 니가타대학교 대학원 의학부 아보 도오루 교수는 '쉽게 화를 내는 사람은 일찍 죽는 경우가 많다'고 단언했다.

우리의 몸과 마음은 자율 신경계로 연결되어 있는데, 자율 신경은 교감 신경과 부교감 신경으로 나뉜다. 교감 신경은 흔히 '활동 신경'으로 불리며, 일이나 운동을 할 때 심장의 박동이나 혈압을 높여 긴장 상태를 만들고, 정신적인 활동을 활발히 해주는 역할을 한다. 이에 비해 부교감 신경은 '휴식 신경'으로 불리며 내장이나 신체 기관의 움직임을 이완시키고, 휴식이나 수면을 취할 때 우선적으로 관여한다.

기분이 고조되고, 근육 등이 긴장하여 흥분을 하게 되는 것은 교감 신경의 작용 때문이며 이와 반대로 먹고 마시고, 잠을 자고 편안히 휴식을 취할 때는 부교감 신경이 작용하고 있다고 할 수 있다.

이와 같은 두 가지 신경이 항상 조화롭게 밸런스를 이루고 있으면 좋은 건강을 유지할 수 있다. 아보 도오루 교수는 자율 신경과 연계해서 움직이는 면역 시스템의 구조를 의학적으로 밝혀냈다. 면역력을 상승시키기 위해서는 부교감 신경의 작용을 활발하게 하여 심신을 릴랙스 상태로 만드는 것이 중요하다는 것. 반면 화를 내는 등 강한 스트레스를 지속적으로 받게 되면 위궤양이나 고혈압, 당뇨, 불면, 암 등이 발생하기 쉽다는 것이다.

따라서 화를 내는 것은 만인에게 공통으로 부여된 '생명과 시간'을

낭비하는 행위라고 할 수 있다. 게다가 심플한 성공 법칙인 '생명과 시간을 중요시하는' 일에도 위배된다. 반대로 웃으면서 생활하는 것은 신체에도 좋은 영향을 미친다는 뜻이다. 아보 도오루 교수의「면역혁명」에는 이런 내용도 기술되어 있다.

"부교감 신경을 활성화하는 데 있어서 또 한 가지 중요한 것은 마음을 다스리는 방법이다. 여기서 강력 추천하고 싶은 것은 잘 웃는 것이다. 역시 심각한 얼굴을 하고 있을 때는 교감 신경이 긴장 상태가 되고, 병에 쉽게 걸릴 수 있다. 고통스럽다는 것은 알고 있지만 마음을 다스리기 위해서는 반드시 웃으면서 생활하는 것이 중요하다. 대수롭지 않은 일로도 웃을 수만 있다면 점점 기분이 밝아지게 될 것이다. 마음이 즐거우면 부교감 신경도 활성화된다. 그러므로 되도록 크게 웃으면서 생활하기를 바란다. 암 환자들을 보면 대부분 표정이 심각하고 좀처럼 웃지 않기 때문에 모든 교감 신경이 긴장해 있다. 의사로서 치료를 시작해서 환자가 웃는다면, 그 치료는 끝난 것이라고 생각될 정도다."

무의미하게 화를 내는 것은 인생의 성공에서 멀어지게 한다. 화가 나는 순간이 오면 심호흡을 크게 하고, 잠시 생각할 것. '쓸데없는 일에 화를 내는 일로 인생을 다 채울 수는 없어!'라고 말이다.

인생이 생각대로 진행되지 않는 것은 오히려 즐거운 일이다

이번에는 두 번째 룰인 '생각대로 되지 않는 인생'에 관해 설명하려고 한다. 그렇다. 생각한 대로 진행되지 않는 것이 인생이다. 그렇기 때문에 일일이 화를 내고 안달복달하는 것은 무의미한 일이다. 다시 생각해 보면, 인생이 생각대로 진행되지 않기 때문에 즐거운 것이다. 이에 대한 당신의 생각은 어떤가?

골프는 자주 인생에 비유된다. 지정된 홀을 어떻게 공략할까를 생각한 뒤, 타깃을 향해 공을 날린다. 공은 오른쪽으로 또는 왼쪽으로 휘기도 하면서 자신의 생각대로 날아가 주지 않는 일이 허다하다. 갑자기 바람이 불어와 진행에 차질이 생기기도 하고, 전혀 예측하지 못한 난코스를 만나게 되기도 한다. 여러 가지 조건이 복잡하게 얽혀 있기 때문에 인생에 비유되는 심오한 운동이다. 그런데 골프를 시작해서 우연히 빠른 시간 안에 좋은 성적을 얻게 될 경우 '골프는 즐거운 운동'이라고 생각할지도 모른다. 그러나 나는 결코 그렇게 생각하지 않는다.

그렇다면 대체 골프가 어떤 운동인지부터 생각해 보자. 지정된 코스를 결정된 타수보다 되도록 적은 타수로 끝마치는 것이 목표다. 만약 모든 사람이 좋은 성적을 내기 위해, 즉 좋은 스코어를 내기 위해 그린까지의 거리는 짧고, 코스는 모두 직선이며 벙커나 샛강, 연못 등을 전부 없앤다면 어떻게 될까? 그렇게 된다면 정말 재미없고 시시한 운동으로 전락하고 말 것이다. 결론은 이러한 난코스를 극복하여 자신이 추구하는 성과를 얻을 수 있기 때문에 골프에 열광한다는 사실이다. 다시 말해, 골프는 오히려 어렵기 때문에 즐거운 운동인 것이다.

프로 골퍼인 마루야마 시게키 선수는 "골프는 즐겁다, 그러나 골프는 고통스럽다. 이 두 가지가 없으면 골프가 아니다"라고 말했다. 좀 더 잘 치고 싶다거나 난코스를 정복하고 싶다고 생각하는 장면에서 종종 어려움이 동반된다. 그러나 그것을 극복하고 넘어가는 순간, 보다 큰 희열과 즐거움을 얻게 되는 것이다.

볼링도 마찬가지다. 볼링은 약 20미터 전방에 세워둔 10개의 핀을 한 번에, 그것도 되도록 많이 쓰러뜨려야 이기는 게임이다. 여기에서 거터(gutter 레인의 양쪽에 있는 홈)는 볼링의 최대 적이다. 볼이 핀에 도달하기 전에 홈에 빠져버리면 핀을 쓰러뜨리지 못해 점수를 낼 수 없기 때문이다. 그렇다면 거터를 없애는 것이 좋지 않을까? 대답은 NO! 볼링 역시 거터가 있기 때문에 재미있는 것이다.

인생도 이와 같다. 나름대로 치밀하게 계획을 세워 놓아도 하늘의 장난이라도 되는 양 종종 예기치 못한 곤란이나 고통 등과 마주하게 된다. 생각대로 일이 진행되지 않으면 초조하고 안달복달하게 된다. 버럭버럭 화를 내다가 결국엔 절망의 상태로 빠져든다.

그러나 애당초 생각대로 진행되지 않는 것이 인생이라는 사실을 받아들이고 있다면 다시 도전할 수 있다. 일이 어긋날 때마다 일일이 화를 내고 절망에 빠진다면 결국은 자신의 인생에서 소중한 시간들만 낭비하는 셈이다. 게다가 분노, 초조, 절망 등의 감정은 인생에서 어떤 것도 생산해 내지 못한다. 오히려 인생에 독이 될 뿐이다.

골프가 잘 되지 않는 날이라면

당신도 이렇게 생각할 수 있을 것이다.

'이놈의 코스는 왜 이렇게 복잡하게 만들어놓은 거야?

그린까지의 거리는 왜 이렇게 길고,

샛강은 또 왜 있으며 벙커와 연못은 또 뭐냐고?

모든 걸 좀 간단하게 만들었으면 얼마나 좋았겠어?'

어디 골프의 경우뿐일까?

까다로운 일들을 목전에 두었을 때마다,

그 일이 잘 풀리지 않을 때마다,

이런 생각이 드는 게 당연하다.

내 인생은 왜 이렇게 늘 까다롭고 복잡한 것이냐고 말이다.

그러나 정말 그럴까? 잠시만 생각해 보자.

수많은 장애물들과 마주하고 있는 삶에 대해서 말이다.

만약 당신의 삶이 도전도, 좌절도 없이 무탈하고 평온하기만 했다면 사는 일이 지금보다 훨씬 더 행복했을까?

빌 게이츠도 '타협'은 하고 있다

나는, 인생이란 타협의 연속이라고 생각한다. 아무리 힘든 사람이라도 무언가에 만족을 느끼고 참을성을 발휘하며 살아간다. 언젠가 이런 사실에 대해 곰곰이 생각해 본 적이 있다. 가령, 세계적으로 성공한 사람 중의 하나로 꼽히는 빌 게이츠를 생각해 보자. 그도 매일매일 타협하며 살고 있을 것이다. 나 역시도 빌 게이츠와 다를 바 없다. 몇 가지 이유는 있지만, 나 나름대로의 결론은 빌 게이츠와 타협하는 횟수가 다르다는 것뿐이다.

인간은 매일 많은 타협을 하며 살아간다. 그러나 타협 횟수는 사람마다 다를 것이다. 예를 들어 매일 자신에게 신경 쓰이게 하는 일이 10개라면, 빌 게이츠의 타협 횟수는 3번, 상장 기업의 사장은 5번, 보통 사람은 8번 정도로 타협 횟수가 다를 것이다.

하루 타협 횟수가 세 번과 여덟 번의 경우, 1년이면 약 1천8백 번의 엄청난 차이가 난다. 이 차이가 바로 인생의 차이로 나타나는 것은 아닐까 생각해 봤다. 단, 여기서 중요한 것은 타협 횟수를 하나라도 줄여가는 것이다. 하루 8번 타협했다면 7번에서 6번으로 점차 줄여가는 것. 그럴 수 있다면, 당신의 인생도 그만큼 멋지게 변화될 것이다.

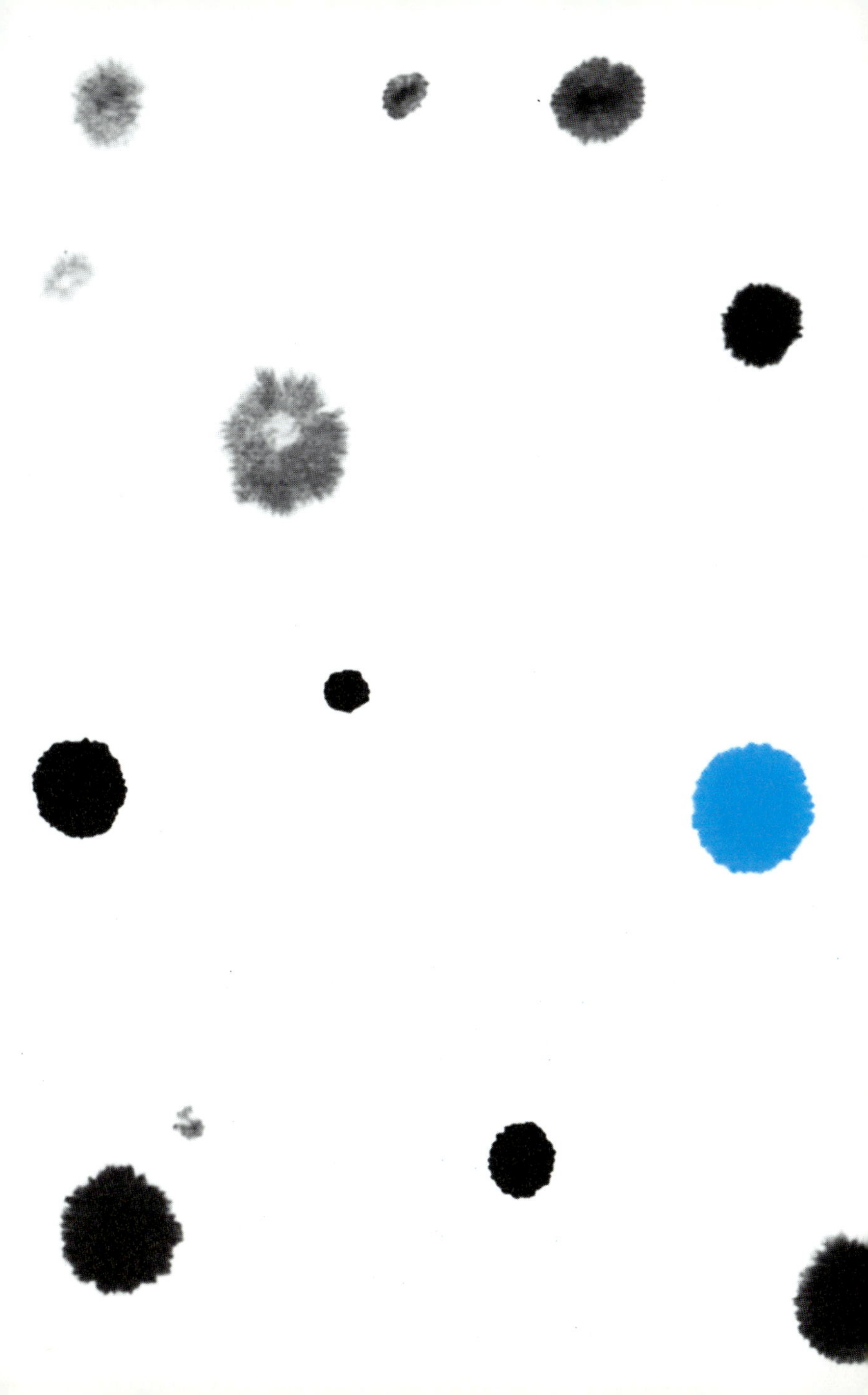

고난과 실패는 더블 보너스

마지막으로 인생의 세 번째 룰인 '고뇌와 기쁨은 한곳에서 시작된다'는 것에 대해 이야기해 보자.

보통, 비즈니스맨들이 가장 왕성하게 활동할 수 있는 연령은 30~40대라고 알려져 있다. 그렇다면 30~40대에 빛을 발하기 위해서는 어떻게 하면 좋을까?

어느 인재 파견 회사에서 현재 활발히 일하고 있는 30~40대의 비즈니스맨들에게 앙케트를 돌려 활동의 비밀을 탐구한 적이 있다. 여러 대답 중에서 한 가지 공통된 사실을 발견했다. 그것은 그들이 20대를 지나면서 다른 20대가 체험해 보지 못한, 엄청난 고통을 겪었다는 것이다. 너무도 가혹한 실패, 너무도 절망적인 생각 등의 마이너스 경험이 그것이다. 그 앙케트를 읽었을 때 나 자신을 한번 돌아보게 되었다.

나는 대학을 졸업하고 22세의 나이에 전화와 팩스, 컴퓨터 등의 정보통신 기기를 판매하는 회사의 외판원으로 취직했다. 상사나 선배와 동행하여 물건을 판매한 기간은 단 3일에 불과했다. 나흘째부터는 나 혼자 한 집, 또 한 집 방문할 수밖에 없었다.

나는 도쿄 오타 구의 이케가미 1가 1번지부터 쭉 훑었다. 물건을 팔기 위해 어떻게 말하면 좋을까? 고심했지만 도대체 무슨 말부터 해야 할지 감이 잡히지 않았다. 하지만 감이 잡히지 않는다고 해서 꼼짝 않고 있으면 아무것도 시작할 수 없기 때문에 다시 마음을 굳게 먹고 역 앞에 있는 낚시도구 전문점으로 뛰어들었다. 그것이 나의 영업 인생의 출발점이었다.

첫 번째 계약을 성사시킨 곳은 오타 구에 있는 자동차 부품 회사였

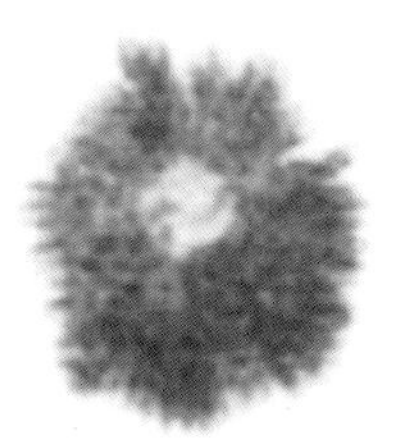

다. 당시 내가 할 수 있는 일은 제품을 팔 수 있는 '대상물건(對象物件)'을 탐색하는 일이었다. 오래된 낡은 기구를 사용하는 회사를 찾는 것이었는데, 나중에는 그 회사에 매일 출근하는 수밖에 없었다. 그때 내가 갖고 있는 것은 오직 끈기와 열정뿐이었으니까.

당시 나는 제품에 대한 지식도 별로 없었기 때문에 그들에게 단순히 "고객님께서 사용하시는 제품이 너무 낡았으니 교체하십시오"라는 정도의 평범하기 짝이 없는 말밖에 건네지 못했다. 세일즈맨으로서는 전혀 새롭거나 특별할 것 없는 멘트였다. 그럼에도 불구하고 나는 물건을 팔 수 있는 곳을 발견하면 절대 놓치지 않고 필사적으로 작업을 했다. 그렇게 하는 일밖에 내가 취할 수 있는 다른 방법이 없었기 때문이었다.

당시, 내가 입사한 회사는 소위 벤처 기업으로 급성장하고 있는 중이었다. 직원은 약 5백 명 정도였는데, 그중 90%가 외판원이었다.

나와 입사 동기생은 1백 명 정도였지만, 회사의 상사나 선배들과 별로 연차가 나지 않았다.

나는 입사한 지 반년 정도 지나 매니저로 승진했고, 내 밑으로 부하 직원도 두게 되었다. 당시 회사에는 직원 육성 프로그램이나 교육 제도가 확립되어 있지 않았기 때문에 매니저들이 자신의 부하 직원을 훈련시켜야 하는 상황이었다.

나는 그들에게 무엇을 가르쳐야 할지 난감했다. 그러나 상사로서의 책임감을 다하기 위해 공부에 매진하면서 필사적으로 부하 직원들에게 책임량을 달성시키기 위해 고군분투했다. 수차례의 실패를 경험하던 날들, 이를테면 하루하루가 시행착오의 연속이었다.

하지만 바로 그 시기의 실패 경험과 도전의 기회들이야말로 지금의 나를 있게 한 원동력이 되었다. 고난과 실패가 나를 키워 준 셈이다.

고난을 겪은 사람과 그렇지 않은 사람의 차이

회사에 취직해서 1년이 지난 무렵, 오랜만에 대학 시절의 친구들과 모임을 갖는 기회가 있었다. 술을 마시면서 직장생활에 대한 이야기를 했지만 웬일인지 친구들과 대화가 통하지 않았다. 다음날 회사에 출근해서 동료들에게 전날 밤 친구들 사이에서 위화감을 받았다는 이야기를 하자, 그들도 나와 마찬가지로 그런 경험을 많이 갖고 있다고 말했다.

훗날 생각해 보니 어쩌면 그것은 당연한 일이었다. 당시는 일본의 거품 경제가 절정에 이른 시기였고, 대기업에 입사한 친구들은 회사 내에서 교육을 받았으며 1년이 되어도 상사의 가방이나 들고 다니는 정도였다. 이에 비해 벤처 기업에 입사한 나는 6개월 후에는 부하 직원을 거느렸고, 한 사람의 인생을 짊어진 듯한 압박감과 싸우면서 일로써 결과를 이루어냈다.

대기업 직원들과는 완전히 다른 고난을 경험했기 때문에 그만큼 빠른 성장이 가능했던 것이다. 그러므로 대기업에 취직한 친구들과는 비즈니스에 대한 감각이 다를 수밖에 없었다.

「나카타 히데토시 예찬」이라는 책에 보면 일본의 원조 축구 영웅 나카타 히데토시 선수가 다른 일본 대표 선수들을 '이 시대의 선수들'이라고 칭한 부분이 있다. 이에 대해 저자인 고마쓰 씨는 이렇게 쓰고 있다.

"이 시대의 선수들. 나는 약간 의미심장한 미소를 지었다. 실은 나카타 선수와 다른 대표 선수들은 나이 차가 거의 없다. 하지만 나카타는 자신을 주위와 비교하면 마치 늙은이가 된 것 같은 기분인가 보다. 이탈리아의 세리에 A나 프리미어 리그에서 쌓은 경험은 나카타에게 상황을 관조할 수 있는 객관성과 자신을 왜곡시키지 않는 의지를 가져다준 것이다.”

저자는 이른 나이에 해외에 진출해서 많은 고통과 경험을 쌓은 나카타 선수가 다른 일본 대표 선수들에 비해 현저하게 성장한 모습을 이야기하고 있었다.

서른 정년제

스포츠 선수의 경우, 일선에서 활약하는 기간은 약 10년 정도라고 한다. 일반적으로 비즈니스맨이 일하는 기간을 40년이라고 한다면 시간적으로는 약 4분의 1에 해당하는 셈이다. 하지만 그만큼 열정적으로 뛰고 있으므로 운동선수의 1년이란 다른 사람들의 4년에 해당한다고 할 수 있다.

일본의 축구 영웅 나카타 히데토시의 경우, 1998년 프랑스월드컵에서 실력을 인정받고 이탈리아의 AC 페루자 구단으로 이적했다. 그는 이적 전까지 소속되어 있던 일본의 벨마레 히라츠카 구단과의 계약을 풀고, 해외 리그에서 뛰었기 때문에 만약 해외에서 좋은 성적을 거두지 못하고 해고된다고 해도 일본 팀으로 복귀하지 못한 채 배수의 진으로 남아 있어야 할 운명이었다.

당시 일본 국내에 남아 J리그에서 뛰는 선수들과 비교해 보면 나카타의 정신적, 물리적 환경은 가혹하다고 할 수 있었다. 그러나 나카타는 세계무대에 도전하기 위해 부단히 훈련을 거듭한 결과, 말 그

대로 급성장을 이루게 된다. 그가 '이 시대의 선수'라는 극찬을 받았던 이유도 여기에 있다.

우연이지만 나 역시도 입사할 당시, 동료들로부터 "우리 회사는 30세가 정년이기 때문에 다른 회사에 근무하는 사람에 비해 5배는 더 일해야 한다"는 말을 농담 반 진담 반으로 듣기도 했다. 그도 그럴 것이 내가 근무했던 벤처 기업은 상상하기 힘들 정도의 격무로 인해 직원들이 오래 견디지 못하고, 30세 전후로 사표를 내는 일이 많았다. 나 역시 그런 환경 속에서 다른 상장 회사에 취직한 대학 동기생 친구들보다 5배 정도는 빠른 속도로 하루하루를 살아내고 있었다.

성공한 비즈니스맨과 나카타 히데토시 선수의 공통점은 젊은 시절의 노력 덕분에 훗날 큰 성과를 얻게 되었다는 것이다. 단, 여기서 주목해야 할 점은 고된 노력이 고통스러울 뿐이었다고는 말할 수 없다는 것이다. 왜냐하면 고통에서 탈출하기 위해 시도한 갖가지 시행착오들이 성장의 에너지가 되어주었기 때문이다.

확실한 것은 결과보다 과정이 중요하다는 사실이다

당신은 현재 자신의 위치에 만족하는가? 여기에서 말하는 위치란 경제력, 능력, 인간관계, 건강, 사회적 지휘 등을 모두 아우르는 말이다. 만족하는 사람에게나 만족하지 못하는 사람에게 내가 바라는 것이 있다면, 지금 당신의 위치를 만들어준 것이 무엇인가에 대해 한번 생각해 보았으면 하는 것이다. 그것은 당신이 과거에 어떤 경험을 했느냐에 달려 있을 것이다.

벚나무는 일 년에 한 번, 지역마다 차이가 있기는 하지만, 개화가 이른 지역에서는 3월 말에서 4월 초경까지 약 1주일가량 아름다운 꽃을 활짝 피우며 빛을 발한다. 무더운 여름과 추운 겨울을 이겨내는 이유가 불과 1주간 만개하기 위해서라는 사실에 주목할 필요가 있다. 그 1주일을 위해 최선의 삶을 살아내는 것이다. 인간도 마찬가지다. 빛나는 업적을 쌓기 위해서는 고통과 고난이 필요한 것이다.

가령, 일본의 고교 야구 선수들을 떠올려보자. 여름에 열리는 전국 고등학교 선수권 대회는 예선에서 결승까지 약 2개월 정도 진행된다. 대회는 단기간에 끝나기 때문에 한순간의 기쁨을 얻기 위해서 선수들은 매일 볼과의 전쟁을 치러야 한다. 실은 이런 매일매일의 노력이 중요한 것이다.

당신은 높은 산의 정상에 서 본 적이 있는가? 정상에 도착하기 위해서는 헬리콥터를 타고 10분 정도 걸려 정상에 이르는 방법도 있고, 평지에서 정상까지 걸어서 올라가는 방법도 있다. 10분을 소요하여 정상에 도착한 기분과 긴 시간 동안, 그것도 사이사이 힘든 코스를 만날 때마다 포기할까도 생각하고, 고난을 겪으며 정상에 도착한 기분을 비교해 보기 바란다. 어느 쪽이 자신에게 만족감과 충실감을 줄 수 있을까? 아마도 자신의 발로 한 걸음 한 걸음 고통을 이겨내며 장시간 걸어서 도착한 정상이 더 값지게 느껴지고, 자신을 위해 얻는 것도 많을 것이다.

그렇다. 인간은 결과를 통해 배우지 않는다. 오직 과정을 통해 배우는 존재다. 그럼에도 불구하고 과정은 생략한 채, 결과만을 얻으려 한다면 어떻게 될까? 물론 빛나는 결과를 손에 넣는 일은 가능할지 모른다. 그러나 과정을 경험한 사람과 비교해 볼 때 자신이 배우는 것은 아무것도 없을 것이다. 미래를 긴 안목으로 본다면 이 배움의 차이가 점점 큰 차이로 나타나게 될 것임을 잊지 말아야 한다.

인생의 면역력을 높이는 방법

최근 들어 노력하기를 꺼려하는 사람들이 점점 늘고 있다는 말을 들은 적이 있다. 그렇다면 당신은 어떤가? 노력하지 않고도 정말 좋은 인생을 보낼 수 있다고 생각하는가?

이 세상에서 성공하는 사람은 2%도 되지 않는다고 한다. 그렇다면 98%의 사람은 자신이 평범한 사람이라는 사실을 인정해야 한다. 특별한 재능이나 능력이 없는 98%의 보통 사람이 2% 안에 들어가기 위해서는 어떻게 해야 할까?

역시 노력하는 길밖에는 없는 것 같다. 먼저 자신이 평범하다는 사실을 받아들이고, 최선을 다해 노력할 각오가 되어 있지 않다면 진정한 의미에서 좋은 인생을 보내기는 어렵다고 생각한다.

나 역시 전형적인 보통 사람이었다. 무언가에 나를 전적으로 쏟아 넣은 일도 없었고, 하물며 대학 시절 운동에 심취된 적도 없었다. 학교 성적은 특별히 우수하지도 않았고 그저 보통이었다. 어떤 것도 얻은 것이 없는 그저 평범한 인간, 보통 사람이었다.

그러나 나는 입사 후 다른 사람보다 이른 단계에서 무거운 책임감과 함께 큰일을 맡게 되었다. 젊은 시절에 다양한 경험을 했기 때문에 여러 가지 실패도 많았다. 남보다 빠른 위치에서 겪은 실패와 좌절은 인생의 면역이라고 할 수 있다. 실패나 좌절을 체험해 갈수록 면역력도 조금씩 강해졌다. 면역력이 생기면 커다란 사고를 만나도 대처하는 능력이 생기게 된다. 구체적으로 말하면 어떤 일이 발생했을 때의 대처법, 즉 감정을 컨트롤하는 기술도 익혔기 때문에 화내지 않고 일을 원만하게 처리할 수 있다는 뜻이다.

우리 몸도 마찬가지다. 진흙탕이나 모래에서 뒹굴고 노는 일들을 거쳐 어느 정도 균과 접촉하면 면역력이 생기게 된다. 지나치게 균과 격리되어 있는 생활을 하면 면역력 증가에 방해를 받아 오히려 병에 쉽게 걸리는 체질로 변할 가능성이 있다. 진흙이나 모래에서 지내면 자연을 즐기면서 외부 균에 저항할 수 있는 면역력이 붙게 되므로 건강에 좋은 놀이 방법이라고 할 수 있다. 그 한 예로 독일에서는 법률에 "아이들은 흙탕으로 신이나 옷을 더럽힐 권리가 있다"고 규정되어 있을 정도다.

어느 나라엔가 바퀴벌레가 유난히 많은 지역이 있었다. 마을 사람들은 바퀴벌레를 없애기 위해 대대적인 제거 작전을 펼쳤다. 그런데 바퀴벌레가 없어지자, 그 마을에 환자가 점점 증가했다고 한다. 여러 가지 조사 결과 바퀴벌레를 제거함에 따라 다른 잡균까지 없어지게 되었고, 결국은 마을 사람들의 면역력이 떨어져 병에 쉽게 걸리는 결과로 나타난 것이다. 그 후 그 마을은 적당한 수준에서 바퀴벌레를 다시 부활시켰다.

신체의 면역력이 강화되면 자연 치유력이 강화되는 것처럼, 인간의 분노도 조금씩 면역이 되면 나중에는 면역력이 커지게 된다. 그 결과 큰일을 당해도 자신의 감정을 컨트롤할 수 있는 치유력도 강화된다고 볼 수 있다.

자녀들에게 실패를 경험시켜라

자녀 교육에서도 위와 똑같은 말을 하고 싶다. 아이를 한두 명 정도 키우는 시대가 되고 보니 자녀를 자유롭게 놔주면서 키우기보다는, 상황을 미리 파악하고 손을 쓰는 부모들이 증가하고 있다. 아이가 무엇을 하려 해도 친절하게 이끌어주어 능숙하게 할 수 있게 되는 것이다. 그래서 그런 부모 밑에서 자라는 아이들에게 실패란 있을 수 없다.

이것은 자녀에게서 곤란을 극복할 수 있는 기회를 빼앗아가는 행위다. 확실히 부모가 자상하게 아이를 보살피고, 어떤 일도 잘할 수 있도록 클리어하게 만들어 놓으면 아이는 스트레스를 받을 이유가 없어진다.

그러나 부모가 자녀에게 언제까지 이런 환경을 만들어줄 수 있을까? 부모가 자녀한테 베풀어줄 수 있는 시간은 극히 제한되어 있다. 아이가 집단생활을 시작하게 되면서부터 자신의 주장이 번번이 통과되지 않는 경우가 많을 것이다. 이럴 때 아이는 작은 실패에도 스트레스를 느끼고 나중에는 분노 때문에 폭발하게 될 것이다. 이는 어릴 때부터 감정을 조절하는 훈련이 부족했기 때문이다.

아이들은 어렸을 때부터 자연스럽게 작은 실패를 반복하며 성장한다. 아이가 첫걸음을 떼는 것도 수만 번 넘어진 후에라야 가능한 것처럼 말이다. 그런데 부모가 아이가 실패하지 않도록 앞질러간다면 그것은 매우 심각한 문제라고 할 수 있다. 아이가 넘어지면 곧 손을 내밀지 말고, 스스로 일어설 수 있도록 자립심을 키워주는 자세가 필요하다.

작은 실패를 많이 경험할수록 아이는 혼자 힘으로 자신을 방어하는 요령을 터득하게 된다. 마찬가지로 젊은 시절 수많은 도전을 하고, 실패하고, 좌절할지라도 바로 그것이 인생의 큰 재산이 될 것임은 분명한 사실이다.

넥스트 찬스

우리가 정말로 두려워하지 않으면 안 되는 것은, 무언가에 도전하여 실패하는 위험보다 도전하지 않는 위험이다. 처음으로 도전한 경우, 누구라도 실패를 원하지는 않을 것이다. 하지만 도전을 멈춘다면 아무런 변화도 기대할 수 없다. 변화는커녕, 현상 유지에 급급한 나머지 진부한 생각을 갖게 되고, 결국은 시대를 따라가지 못한 채 도태될 위험도 있다.

누군가는 "성공이란 99%의 실패를 바탕으로 한 1%"라고 말한 적이 있다. 도전이 실패로 끝나는 것은 결코 드문 일이 아니다. 그렇지만 실패하는 것 자체가 문제는 아니다. 실패로부터 무언가를 얻을 수 있다면, 그것은 결코 실패라고 말할 수 없다.

2005년, 일본 프로 야구 구단인 지바 롯데 마린스를 31년 만에 국내 제1의 팀으로 이끈 보비 발렌타인 감독은 실패한 선수들에게 'Don't mind'가 아니라 'Next chance'라고 말했다. 그는 실수를 범하거나 삼진을 당한 선수들을 매도하거나 화를 낸 적이 없었다. 오히려 선수들의 엉덩이를 두드려주며 넥스트 찬스라는 말을 해주었다. "실수를 해도 괜찮다. 너는 할 수 있으니까 다음 기회에 최선을 다하면 된다"라고 젊은 선수들을 계속 격려해 나갔다. 그의 말은 실수를 하고 침체되어 있는 선수들의 마음을 다음 시합으로 옮겨 놓았다. 바로 그런 넥스트 찬스라는 격려 덕분에 선수들은 실패를 했어도 굴하지 않고 더욱 성장할 수 있었다.

끈질기게 시비를 걸어서 이득을 얻는 사람은
장기적으로 이길 수 없다

세상에는 자신이 하고 싶은 일을 이미 하고 있는 사람과 하고 싶은
일을 미래에 하기 위해 지금 흙탕물을 마시고 있는 사람도 있다. 당
신은 지금 어느 쪽인가?

나는 몇 년 전부터 내가 하고 싶었던 일을 할 수 있게 되었다. 오래
전부터의 꿈인 교육 사업이다. 예전에는 내가 하고 싶지 않은 일을
해 온 셈이다. 나는 자신이 하고 싶은 일을 장래에 할 수 있으려면
하고 싶지 않은 일을 할 때도 훈련을 게을리 하지 말고, 능력을 쌓
아 커리어를 형성해야 한다고 생각한다. 그래서 눈앞의 일에 전력
을 다하고, 노력하여 커리어를 형성해 갔다.

사람들 중에는 좋은 결과를 얻지 못하면, 그 과정은 아무 쓸모가 없

다고 생각하는 사람도 있다. 한번은 이런 일이 있었다. 컴퓨터 시스템에 문제가 생겨 비행기 티켓을 발부하는 카운터 앞에 사람들이 길게 줄을 서 있었다. 탑승을 희망하는 사람들은 불만스러웠지만 그런대로 참고 기다렸다. 그런데 한 남성이 돌연 버럭 화를 냈다. "대체 어떻게 이런 일이 있단 말이요? 나는 바쁜 사람이니 빨리 티켓을 내주시오." 그는 난폭한 어조로 집요하게 카운터 직원을 압박했다. 얼마 후 그는 사람들이 보이지 않는 곳으로 불려갔고, 우선적으로 발매된 티켓을 손에 넣었다.

끈질기게 시비를 걸어 득을 본 사람이다. 그러나 결국 그렇게 행동한 사람은 좋은 인상을 줄 수 없다고 생각한다. 당장 눈앞의 이득을 얻게 될지는 모르지만 긴 안목으로 보면 그와 같은 일은 결코 바람직하지 않기 때문이다. 과정을 생략하고 원하는 결과를 얻었다 해

도, 그 후의 인생에서 얻는 것은 별로 없을 것이다. 인간은 과정을 통해 배우고 성장해 간다. 만약 이 같은 일이 반복해서 일어난다면, 이는 매우 유감스러운 일이다.

패스트푸드점 맥도널드의 작업장에는 안경을 낀 사람이 없다는 말을 들은 적이 있다. 습기로 인해 안경이 흐려지면 단 몇 초 동안이라도 일을 할 수 없는 상황이 발생할 수 있다는 것이 그 이유다. 도요타 자동차에서는 작업 시간을 1초라도 단축하기 위해서 매일 점진적이고 지속적으로 변화를 추구하는 일이 시행된다. 마찬가지로 수많은 상장 회사들이 생산의 효율성을 높이기 위해 매일 최선을 다해 일에 매진한다. 회사를 상장시키겠다고 마음먹어도 오늘 당장 상장될 수 있는 것은 아니기 때문이다. 목적지에 당도하기 위해서는 차근차근 실적을 쌓아올리는 일이 필요한 것은 두말할 나위가 없다.

대지진을 겪은 일본의 피해 현장에서

모두가 슬픔을 누르고, 고통을 인내하면서 지내고 있을 때

누군가 한 사람이 극도의 화를 쏟아 내거나

정부의 만족스럽지 못한 대처 방법에 대해

분노를 표출했다고 가정해 보자.

그렇다면 그 현장은 어떻게 되었을까?

컴퓨터 시스템의 문제로 인해

항공권 발부가 잠시 중단된 공항도 마찬가지다.

만일 당신 같았으면 이런 상황에서 어떤 모습을 보였을까?

앞 장에서 예로 들었던 사람처럼,

혼자서만 돌출 행동을 보이면서 화를 내고,

그 덕분에 다른 사람들을 모두 제치고 혼자서만 티켓을 구했을까?

아니면 다른 사람과 마찬가지로

어쩔 수 없는 그 상황을 받아들이면서 참았을까?

한번쯤 나 스스로에게 이런 질문을 던져보라.

이 질문이 당신의 내면을 살펴보는 계기가 될 수도 있을 것이다.

만일 나였다면 이런 순간에 어떻게 했을까?

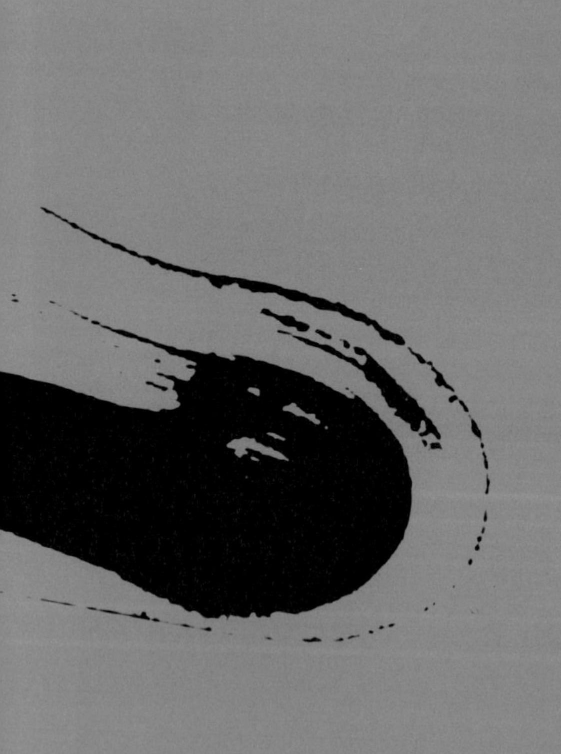

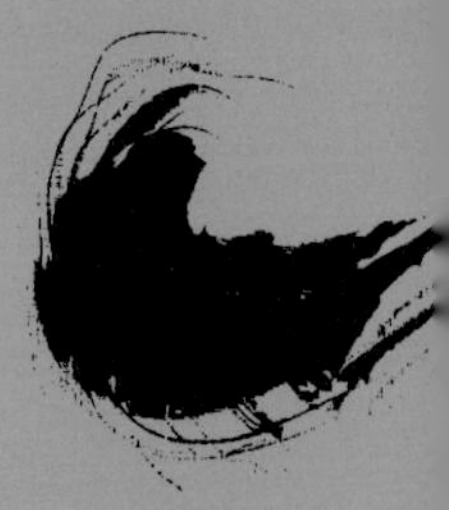

Part 2

나의 감정은 나 자신에 의해 결정된다
감정에 속지 않기

지금 내 눈앞에 닥친 상황에는 사실 어떤 의미도 없다

"화를 내게 되었다"고 말하는 사람이 있다.

"슬퍼하게 되었다"고 말하는 사람도 있다.

즉 누군가의 행위로 인해 화를 내게 되고, 슬퍼하게 되었다는 것은 그 책임을 상대방에게 돌리는 것을 의미한다.

그러나 화를 내고 슬퍼한 것은 바로 자기 자신이다. 화를 내게 하고, 슬프게 만든 상대의 언동은 단순히 감정을 일으키게 한 어떤 계기에 지나지 않는다. 모든 것은 그 누구도 아닌 나 자신에게서 비롯되기 때문이다. 화를 낼 것인가, 말 것인가를 결정하는 것도 바로 당신 자신이다.

우리는 매일매일, 혹은 매 순간마다 어떤 상황과 마주서게 된다. 그것은 좋은 상황이기도 하고, 나쁜 상황이기도 하며 때로는 끔찍한 상황이기도 하다. 그러나 지금 내 눈앞에 펼쳐진 상황에는 사실 어떤 의미도 없다. 단지 나 자신이 그 사건에 의미를 부여하고 있을 뿐이다.

'마쓰시타 전기'의 창업자인 마쓰시타 고노스케 회장은 자신의 성공 요인에 대해 세 가지로 압축해서 말했다. 그것은 '배움이 없었다' '병약했다' '궁핍했다'는 사실이다. 배움이 없었기에 평생 배우려고 노력했고, 병약했기 때문에 술 담배를 멀리하고 건강을 챙겼으며, 삶이 매우 궁핍했기 때문에 평생을 그렇게 열심히 일했다는 뜻이다.

누구라도 배움이 없고, 병약하고, 궁핍하다면 보통은 부정적인 생각에 사로잡힐 수 있다. 그러나 '경영의 신'이라고 불리는 마쓰시타는 자신이 갖고 있는 모든 불리한 상황을 긍정적인 방향으로 전환시켰다. 결국 피해갈 수 없는 나쁜 상황이 그에게 '성공'이라는 열쇠를 안겨주게 된 셈이었다.

여기에서 얻게 되는 분명한 사실이 있다. 인간의 마음을 움직이는 것은 자신이 맞닥뜨리게 된 상황이 아니라, 그것을 받아들이는 방법이라는 사실이다. 이를 역으로 말하면 자신에게 닥친 상황에 대해 어떠한 감정을 갖는가는 본인의 의지에 따라 달라질 수 있다는 것이다. 그러므로 나쁜 상황이라고 해도 얼마든지 좋은 방향으로 전환시킬 수 있으며 반대로 아무리 좋은 상황이라고 해도 얼마든지 나빠질 수 있다는 것을 간과해서는 안 될 것이다.

사람의 감정을 좌우하는 것은
눈앞의 상황이 아니라 받아들이는 방법에 있다

나의 조카는 고등학교 럭비부에서 활동하고 있다. 그런데 선배 중의 한 사람이 늘 페트병의 물을 마시고는 그대로 땅바닥에 두는 습관을 갖고 있었다. 페트병에 종종 흙이 묻어 있었지만, 그는 아랑곳하지 않고 목이 마를 때마다 땅바닥에서 페트병을 주워 물을 마신다고 한다.

나의 조카는 그 선배가 물을 마실 때마다 입 속으로 흙도 함께 들어가는 것 같아 걱정이 되었다고 한다. 그러나 그 선배는 농담 반 진담 반으로 "걱정하지 말게. 흙은 대지의 은혜로운 미네랄이네"라고 말한다는 것이다.

그가 어떻게 사물을 받아들이고 있는지 알 수 있는 대목이다. 나의 조카는 흙이 묻어 있는 페트병의 물을 마시는 것은 곧 오염된 물을 마시는 것으로 생각하고 있었지만, 상대는 오히려 대지의 은혜에 감사하고 있었다.

똑같은 상황이라도 그것을 보고, 생각하는 방법에 따라 받아들이는 방법에도 큰 차이가 난다는 것을 쉽게 알 수 있게 하는 대목이다. 마찬가지로 눈앞에 보이는 대상에 대해 자신이 어떤 의미를 붙이는가에 따라, 화를 낼 수도 화를 내지 않을 수도 있는 것이다.

화를 내거나 그렇지 않거나를 결정하는 것은 바로 당신 자신이다. 사람들은 모두 자신이 선택한 대로 행동하고, 매일 수십 번의 결정을 반복하면서 살아간다. 이런 의사 결정의 질(質)이 인생의 레벨을 변화시킨다.

물론, 나 역시도 처음부터 이런 사실을 깨닫고 살아온 것은 아니다. 예전에는 하기 싫은 일에 직면하면 우선 화부터 내고 보는 것이 일이었다. 또한 화를 내고, 내지 않고를 결정하는 것이 바로 자기 자신이라는 사실도 인지하지 못한 채 생활해 왔다.

가령 회사에 지각을 했을 때 상사가 "자네 지금 정신 있는가?"라고 화를 버럭 내며 호통을 치면, 나는 오히려 '뭐야 저 인간, 지각 한 번 한 것을 가지고 저렇게까지 말할 게 있어?'라고 생각하며 투덜거렸다. 그러고는 상사에 대해 '자신이 지각한 것은 당연히 여기면서 부하 직원만 잡는군' 하고 비아냥거렸다.

누군가로부터 충고를 들으면 '별일이야, 당신이나 잘하시지'라고 속으로 화를 내는 사람이 있는가 하면, '그래. 그의 지적이 맞아. 나는 거기까지 생각 못했네'라고 기꺼이 받아들이는 사람도 있다.

결국 사람의 감정을 좌우하는 것은 눈앞에 벌어진 상황이 아니라, 그것을 받아들이는 방법에 있다는 것을 또 한 번 인정하게 되는 대목이다. 그렇다. 당신이 화를 내거나 화를 내지 않거나 하는 것도 이에 따라 달라지며, 오직 자신만이 그것을 결정할 수 있다. 툭하면 화를 내는 일로 인생을 채우고 싶지 않다면 당신 스스로가 '화내지 않겠다'는 결정을 내릴 수 있어야만 하는 것이다.

같은 일도 어떻게 생각하는가에 따라 결과가 달라진다

어떠한 일이나 사건 자체가 결과를 변화시키는 것은 아니다. 다만, 부닥친 사건을 어떻게 받아들이고 생각하느냐에 따라 그 결과가 달라진다는 것이다.

'나는 100% 옳다'고 확신하는 일에도 실은 그렇지 않은 경우가 많다. 그 한 예로 해가 동쪽에서 떠서 서쪽으로 진다는 것에 대해 이야기해 보자. 이것은 진실일까? 아니다. 그것은 현실이지만 진실은 아니다. 단지 해가 동쪽에서 떠서 서쪽으로 지는 것처럼 보일 뿐이다.

이것의 구체적인 진실은, 지구가 스스로 하루에 한 바퀴씩 도는 자전 현상이라고 말할 수 있다. 지구는 자전할 때 서쪽에서 동쪽으로 돌기 때문에 태양이 동쪽에서 떠서 서쪽으로 지는 것처럼 보이므로 마치 그것이 진실처럼 여겨지는 것이다. 그것이 선입관이 되어 진실 자체를 간과하게 만드는 것이다.

하나의 사건을 보는 방법에는 여러 가지가 있다. 가령, 프로 야구 구단인 자이언츠가 패배했다는 사실은 자이언츠 팬들에게는 대단히 슬픈 일이 될 것이다. 하지만 이 똑같은 사실이 안티 자이언츠 팬들에게는 무척이나 기쁜 일이 될 수 있다. 이처럼 직면한 사건을 받아들이는 데에도 여러 가지로 생각할 여지가 있으므로 쉽게 함부로 판단해서는 안 될 것이다.

또 하나의 사례를 놓고 이야기해 보기로 하자. 구두를 파는 두 사람의 세일즈맨이 있었다. 그들은 회사의 명령에 따라 평소 구두를 신지 않고 지내는 아프리카의 어느 지역에 도착했다. 한 사람의 세일즈맨은 그곳에서 누구도 구두를 신지 않고 있는 것을 보고 "이런 곳에서 구두가 팔릴 리가 없지"라고 화를 내며 돌아왔다. "제대로 조사도 안 하고 그런 곳으로 출장을 보내다니, 대체 영업 부장은 무슨 생각을 하고 있는 거야"라며 분통을 터뜨렸다.

그러나 또 한 사람의 세일즈맨은 "와! 여긴 누구도 구두를 신고 있지 않잖아. 좋은 시장을 발견한 것 같네. 모르기는 해도 구두가 폭발적으로 팔리겠는 걸" 하고 기뻐했다. 그는 회사로부터 수백 켤레의 구두를 우송 받은 후 서서히 판매를 시작했다. 물론 구두가 왜 필요한지에 대해 알리고, 구두를 체험하게 하며 현지인들의 구두에 대한 관심을 높이기 위해 다양한 전략을 세우는 일은 기본이었다. 이렇게 되자 시간이 지날수록 구두는 날개 돋친 듯이 팔려나갔다. 결국 구두를 신지 않은 사람들을 보았을 때, 그 상황을 판단한 세일즈맨의 생각의 차이가 결과를 크게 바꿔 놓은 것이다.

똑같은 상황이라고 해도 그 상황에 대처하는 자세는

사람에 따라 다르게 나타나기 마련이다.

구두를 팔기 위해 아프리카로 파견 근무를 떠났던

두 명의 세일즈맨이 서로 다른 반응을 보였던 것처럼 말이다.

상사로부터 무리한 지시를 받았을 때,

아이가 뚝 떨어진 성적표를 받아왔을 때,

만나기로 한 애인이 시간을 어겼을 때…

그 상황을 받아들이고 대처하는 자세는

사람마다 다르게 나타나는 것이 보통이다.

이는 똑같은 상황에서도 어떻게 사고하는가의 차이로 인해

나타나는 현상이라고 할 수 있다.

당신은 일상적으로 만나는 이런 상황들에 대해서

어떻게 반응하는 편인가?

대체로 화를 잘 내는 편인가, 그렇지 않은가?

내가 바로 아프리카로 파견된 세일즈맨이라고 가정한 뒤,

어떤 반응을 보일 것인지에 대해 잠시만 생각해 보자.

만일 당신이었다면 바로 이런 순간에 어떻게 생각하고 행동했을까?

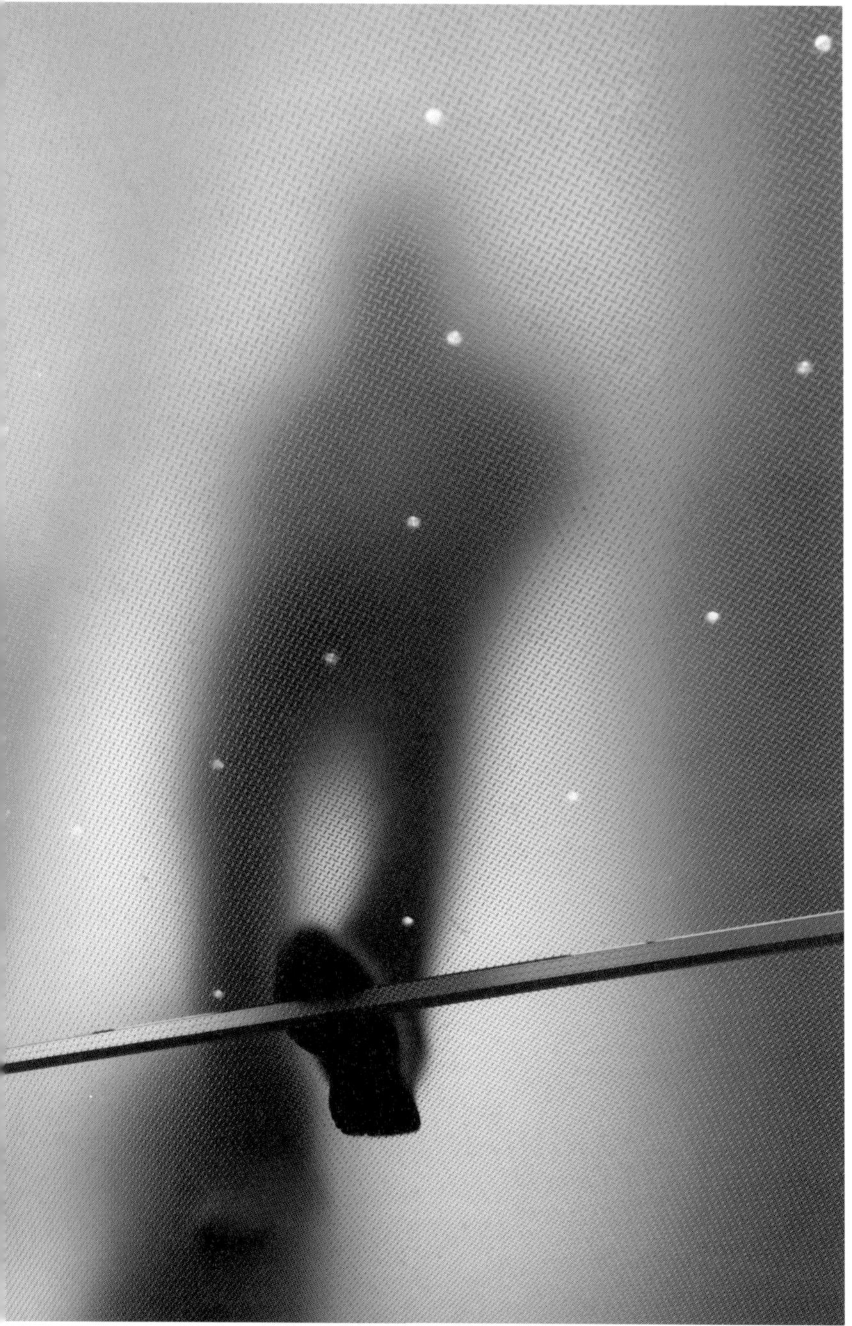

생각하는 방법을 바꾸면 감정을 컨트롤할 수 있다

밤 9시에 시작하는 드라마를 보고, 10시가 되면 공부를 하겠다고 결심했지만 드라마의 재미가 한창 고조되어 가는 9시 30분경, 엄마로부터 잔소리를 듣게 되었다.

"아니, 너 아직도 텔레비전 앞에 있니? 당장 방으로 가서 공부하지 못하겠어?"

만약 당신이 같은 상황에 처했다면 어떤 반응을 보이게 될까? 이런 상황에 대한 반응을 세 가지 정도로 분류해 보자.

첫째, '그렇지 않아도 10시가 되면 공부를 시작할 생각이었는데 엄마는 알지도 못하면서 괜히 잔소리야. 에이! 오늘은 기분이 잡쳐서 공부는 쫑! 내일부터나 열심히 해야겠다'라고 생각하며 심사가 꼬여 공부를 접는다.

둘째, '괜한 잔소리야'라고 속으로 생각하면서도 하는 수 없이 방으로 돌아온다. 그러나 10시부터 공부를 시작하겠다고 마음먹었기 때문에 남은 30분 동안은 만화책을 보거나 인터넷을 뒤지면서 슬렁슬렁 시간을 때운다.

셋째, '괜한 잔소리야'라고 속으로 생각지만 '엄마도 내가 미워서 그런 것은 아닐 거야. 시험 때도 되고 하니 걱정이 돼서 공부하라고 닦달했을 거야'라고 마음을 정리한다. 어차피 10시부터 공부를 할 생각이었으므로 남은 30분 동안 영어 단어를 외워볼까 생각한다.

위의 3가지 보기 중에서 어떤 생각을 하는 사람이 좋은 성과를 거둘까? 너무나 모범생다운, 혹은 지극히 교과서 같은 이야기지만 두말할 것도 없이 세 번째다.

누군가는 너무 진지해서 고리타분하게 여겨지는 경우라고 타박할 수도 있겠지만, 세 번째 케이스라면 이런 생각을 할 수도 있을 것이다. '30분 정도라면 영어 단어 서너 개는 충분히 외울 수 있고, 이렇게 버려지기 쉬운 30분 동안 단어 서너 개를 외운다면 30일이면 90개, 일 년이면 약 1천 개의 단어를 외울 수 있지 않은가? 30분을 그대로 낭비하느냐, 그렇지 않느냐에 따라 1천 개의 단어를 외우고 못 외우고의 차이가 나는 것'이라고 말이다.

이런 생각에까지 도달하게 되면 '엄마의 잔소리는 바로 나 자신에게 공부할 찬스를 준 셈'이라는 생각의 전환이 가능해질 것이고, 덕분에 30분을 낭비하지 않고 열심히 공부하기로 작정하고 책상 앞으로 향할 수 있게 될 것이다.

이처럼 무언가, 감정을 정리하고 생각을 더해서 행동을 결정해야 하는 일들은 하루 중에도 수없이 많이 일어난다. 그런 사소한 순간들을 어떻게 규정 짓는가에 따라 화만 내는 사람이 될 수도 있고, 화내지 않는 사람이 될 수도 있는 것이다.

이렇듯 감정을 결정해야 하는 수많은 순간들을 위해서 마음속에 한 가지 분명한 생각을 담아두고, 밑줄을 그어두길 바란다. 어떻게 생각하느냐에 따라서 지금 눈앞에 닥친 문제들은 화를 내지 않고도 얼마든지 건너갈 수 있다는 사실, 바로 이것을 말이다.

화를 만드는 것은 자신의 감정이다

감정이란 참으로 다양한 결과를 만들어낸다. 똑같은 말도 어떤 순간에 들었는가에 따라 다르게 받아들여지는 까닭이다. 그 말을 듣는 순간의 감정 차이에 따라 받아들이는 방법 자체가 크게 달라지는 것이다. 게다가 마음이 불안하고 안절부절못하는 상태에 놓여 있다면 상대방의 말을 가감 없이 듣는 일 자체가 절대 불가능하다. 샐러리맨이라면 누구나 보고를 하는 순간, 혹은 중요한 결정이 필요한 순간에 상사의 눈치를 살피게 된 경험이 있을 것이다. "오늘 우리 부장 기분이 어때?"라고 동료에게 묻거나 "오늘 같은 날은 아무것도 보고하지 않는 게 낫겠어"라는 판단을 내리기도 하면서 말이다. 이것은 무언가를 결정하는 일에 있어서 감정이 얼마나 큰 영향력을 갖는지에 대해 인정할 수밖에 없도록 하는 대목이다.

가령, 부하 직원으로부터 "A 회사와의 계약이 파기될 것 같습니다. 어떻게 하면 좋을까요?"라는 상담을 받았다고 하자. 만일 그때, 하고 있는 일이 순조롭게 진행되지 않아 초조함을 느끼고 있었다거나 기분이 나쁜 상태였다면 어떤 반응을 보이게 될까? "뭐라고? 그렇게 말하는 걸 보니 자네는 완전히 얼이 빠졌군. 당장 A 회사로 직행하지 못해? 만약 이 일이 성사되지 않으면 다시는 회사로 돌아올 생각 말게"라며 갑자기 호통을 치게 될지도 모른다.

반면, 마음에 여유가 있는 상태라면 이야기는 조금 달라질 것이다. "그래? 어떻게 된 건지 좀 더 상세하게 상황 설명을 해보게. 함께 대책을 강구해 보는 게 좋겠어"라고 침착하게 대응할 수도 있을 것이다.

또한 부하 직원이 어떤 일에 대해 궁금한 점을 상담해 왔다고 가정해 보자. 마음이 불편한 상태에서는 "자네 아직도 그걸 몰라서 묻는 건가? 그런 일은 이렇게 처리하면 되잖아"라는 식으로 거칠게 대응할 가능성이 높다. 이에 비해 마음이 평온한 상태라면 "그래, 그런 의문이 들 수도 있지. 자네는 어떻게 생각하는데?"라고 부하 직원을 이해하고 가르치는 입장에서 말해 줄 수 있을 것이다.

마음이 불편하거나 감정이 복잡한 순간에는 현명한 대응 자체가 불가능해진다. 그래서 아무 이유도 없이 자신의 개인적인 감정을 업무와 연관시켜 부하 직원에게 쏟아 붓는 경우도 있다. 상황이 이렇게 되면 부하 직원은 이유도 없이 당하는, 정신적인 피해자가 될 수밖에 없다. 그리곤 "도대체 왜 저렇게밖에 말 할 수 없는 거지?"라며 상사에게 불만을 품게 될 것이다.

마음의 안정을 잃고 안달복달하면 사물을 부정적으로 받아들이기 쉽다. 이렇게 되면 대인 관계 역시도 원만하게 조율해 갈 수 없게 된다. 직장 생활도, 학업도, 심지어 연애사조차도 형평성을 잃게 되는 것은 당연지사다. 그러나 냉정을 잃지 않고 평온을 유지할 수 있다면 같은 말, 같은 사건이라도 전혀 다르게 받아들일 수 있다.

당신은 혹시 버럭버럭 엄마?

감정으로 인한 문제들은 육아에서도 마찬가지다. 이런 상황을 한번 가정해 보자. 엄마는 집 안에 할 일이 많이 남아 있어 아이를 빨리 잠재워야겠다는 생각을 한다. 그러나 아이는 지금 전혀 잘 생각이 없기 때문에 엄마에게 짜증을 부린다. "왜 자꾸 잠만 자라고 그래? 더 놀고 싶단 말이야! 엄마 미워." 아이가 이렇게 강력한 항의를 할 경우, 당신은 어떤 태도를 취하게 될까?

집안일을 조금이라도 빨리 마치고 싶은 마음이 간절한 상황이라면 목소리에 힘이 들어갈 수밖에 없다. "어서 빨리 자지 못해?"또는 "너는 무슨 애가 잠도 없니?"라며 화가 난 목소리로 버럭, 아이를 윽박지를 수 있다. 반면 아이와 함께 잠을 자거나 휴식을 취하고 싶은 상태라면 아이가 자지 않겠다고 떼를 써도 조금은 여유롭게 아이를

타이를 수 있을 것이다. 가령 "이제 그만 놀고 엄마한테 올래? 엄마랑 코 자자!" 하는 식으로 말이다. 아이가 지금 당장 잠자고 싶지 않는 상태는 똑같지만, 엄마의 기분에 따라 아이에게 보여주는 태도는 전혀 다르게 나타나는 셈이다.

인간은 아주 작은 일에도 기분이 쉽게 변하는 미묘한 존재다. 그렇기 때문에 같은 일을 놓고도 누군가는 버럭버럭 화를 내고, 또 누군가는 그 반대로 침착하게 대응할 수 있는 것이다.

이처럼 자신의 감정 상태를 언제나 평온하게 유지할 수 있다면 상대의 말이나 혹은 사물에 대해 경계하거나 나쁘게 받아들이는 일도 점차 줄어들 것이다. 이렇게 되면 자연히 당신을 대하는 상대의 태도도 달라질 것이다.

마땅히 해야 할 일들, 결국은 내가 할 수밖에 없는 일들을 하면서도

기분 좋게 하지 못하고, 화를 내면서 한다면 그 자체가 당신에게는 마이너스다. 행동에 일관성이 없어지고, 다루고 있는 물건을 망가뜨리는 식으로 상처를 입힐 수도 있으며, 무엇보다 주위 사람들을 불편하게 만들 수 있다.

하지만 결정적으로 가장 큰 문제는 누구보다 당신 자신의 마음이 가장 큰 상처를 입게 될 것이라는 사실이다. 어쩌면 화를 참지 못한 채 자신의 감정을 폭발시키게 될 수도 있다. 그러므로 지나치게 감정적인 대응을 하는 일은 자제하도록 한다. 이것은 정말 쉽지 않은 일이지만, 행복한 삶을 꾸려가는 데 있어 이보다 더 좋은 방법은 없기 때문이다.

너와 나의 생각이 다르다는 것,
가치관의 차이를 받아들이자

화가 나고, 불덩이가 치밀고, 버럭버럭하는 등 마음 깊은 곳에서부터 끓어오르는 분노의 감정은, 실은 가치관의 차이에서 비롯된다. 가령 회사에서 일하는 스타일을 놓고 이야기해 보자. 만약 당신이 맡은 일을 빨리빨리 처리하는 편이라면? 모르기는 해도 똑같은 일을 가지고 꾸물거리는 사람을 보면 답답해서 속이 부글거릴 것이다. 만약 당신이 분명하고 똑 부러지는 성격을 가졌다면, 속마음을 쉽게 드러내지 않는 상대에게 갑갑함을 느낄 수밖에 없을 것이다. 답답해서 불덩이가 치밀거나 혹은 '속을 알 수 없는 저런 스타일은 정말 위험하다'고 생각할 것이다.

한편 깔끔한 것을 좋아하는 사람은 지저분하게 늘어놓고 사는 사람이 거슬리고, 신경이 예민한 사람은 무신경해 보이는 사람에게 화가 나며, 시간을 철저히 지키는 사람은 시간관념이 없는 사람이 늘 신경 쓰이거나 그 사람 때문에 화가 치밀어 오르는 경우가 있을 것이다.

그러나 이 모든 문제는 타인의 가치관이 나의 가치관과 다르기 때문에 발생하는 분노일 뿐이다. 상대의 생각이나 행동이 자신의 스타일과 맞지 않기 때문에 화가 나는 것이다. 반면, 당신이 이해할 수 없다고 생각하는 그 상대는 스스로 살아가는 데 전혀 이상하거나 불편함을 느끼지 않기 때문에 그렇게 행동하는 것이다.

이쯤에서 또 한 번 되짚어볼 필요가 있다. 문제는 상대에게 있는 것이 아니라, 바로 나 자신에게 있다는 것을 말이다. 나와는 전혀 상관없는 문제들, 단지 나와는 스타일이 다를 뿐인 사람들의 문제를 놓고 저울질을 하거나 판단하면서 스스로의 감정에 못 이겨 순간순간 버럭버럭 화를 내게 되는 것이다.

이 문제에 대한 해답은 당신 스스로 타인이나 사물을 받아들이는 방법을 바꾸는 것이다. 가령 일 처리가 늦거나 실수가 많은 신입 사원에게 자꾸 화를 내게 될 때는 '나도 신입 사원 시절, 저 녀석들과 다를 바 없었겠지'라고 생각을 바꿔보자. 시끄럽게 울어대는 아이에게 화가 날 때도 '나도 어렸을 때 울보였지, 아이들은 우는 게 일인데 뭐…'라고 생각하면 한결 마음이 편안해질 것이다.

이런 식으로 사람이나 사물을 보는 마음에 조금만 여유를 두게 되면 화가 치밀어 오르는 상황을 피해갈 수 있을 뿐만 아니라, 괜한 일로 피곤해지는 당신의 마음도 쉬게 할 수 있을 것이다.

사람들은 누구나 저마다 다른 스타일을 가지고 있다.

그리고 나와는 다른 그 스타일 때문에

짜증을 느낄 수도 있을 것이다.

회사의 동료들을 한번 생각해 보자.

만약 당신이 빠른 일 처리로 정평이 나 있는 사람이라면

똑같은 일을 가지고 꾸물거리는 동료를 이해할 수 없을 것이다.

만약 당신이 분명한 성격이라면,

속마음을 쉽게 드러내지 않거나 대충 얼버무리는 사람이

답답하고 한심하게 느껴질 것이다.

깔끔한 당신은 늘 어수선하게 늘어놓는 사람이 거슬리고,

신경이 예민한 당신은 무신경해 보이는 사람에게 화가 나며,

시간을 철저히 지키는 사람은 시간관념이 없는 사람을 보면

부아가 치밀어 오를 것이다.

돌이켜보라. 당신은 나와 다른 스타일을 가진 사람을 보면서 무슨 생각을 하는가?

저런 사람과는 이야기하고 싶지 않다

어느 날 평소 가깝게 지내던 친구가 자랑으로 이런 말을 했다.

"나는 토론을 하면 지는 적이 없어. 왜냐하면 이길 때까지 이야기하거든."

그 말을 들은 내 마음은 어땠을까? 솔직하게 말하면 그 말을 듣고 나는 '저 친구와는 별로 이야기하고 싶지 않다'는 생각을 하게 되었다. 왜냐하면 그는 토론의 목적을 잘못 알고 있었기 때문이다.

토론의 목적은 A라는 의견과 B라는 의견을 지지하기보다, C라는 착지점을 찾아내는 일이다. 너와 나의 의견을 수렴하고 절충해서 또 하나의 보다 나은 결과에 다다르는 것이 토론의 진정한 목적인 것이다. 그럼에도 불구하고 그는, 자신이 갖고 있는 의견을 강제로 통과시키는 일에만 집착하고 있었다. 내 생각이 옳다는 것을 강제로라도 인정하게 함으로써 자신의 힘을 과시하겠다는 생각이 강한 케이스라고 할 수 있다.

생각해 보자. 회의 중에 누군가가 "나는 이렇게 생각한다"라고 말했을 때 "그건 잘못된 생각이다"라고 맞받아치는 경우가 있을 것이다. 지나치게 자신들의 생각에만 빠져 있어 서로 양보하지 못하고,

내 생각만 옳다고 주장하고 있는 것이다.

이런 상황이 벌어졌을 때 어느 쪽이 옳은지에 대해 곰곰이 생각해 본 적이 있는가? 사실은 양쪽 모두 다 옳다. 단지, 상대를 인정하고 받아들이지 못하는 것뿐이다.

누구에게나 상대를 부정할 수 있는 권한은 없다. 자신의 의견과 다르다고 해서 상대의 생각이 틀린 것이 아니라, 그것은 그 사람의 생각하는 방식이라고 이해해야 한다. 자신의 의견을 주장하는 것은 옳은 일이지만, 상대의 의견을 정면으로 부정할 권리는 없으며, 남의 의견이 틀리다고 부정하는 것은 참으로 미숙한 행동임이 분명하다. 그럼에도 불구하고 자신의 생각을 일방적으로 통과시키려 한다면, 점점 더 화를 내게 되고 마침내는 회의나 토론이 감정싸움으로 발전하게 될 것이다.

그렇다. 자신만 옳다는 생각에 빠져 있으면 모든 잘못은 상대에게 있는 것으로 결론이 나게 마련이다. 이렇게 서로의 생각을 돌아보지 않고, 계속 상대의 탓으로만 돌리려고 한다면 작은 일에도 참지 못하고 벌컥 화부터 내는 사람으로 변하게 되는 것이다.

여러 사람이 모여 앉아 회의나 토론을 하는 중에

누군가 "내 생각은 이렇다"고 말했을 때

당신은 어떤 반응을 보이는가.

아니, 무리 중의 누군가는 이렇게 말하기도 할 것이다.

"당신의 그런 생각은 잘못된 것"이라고 말이다.

내 생각이 옳다는 섣부른 결론부터 내린 상태에서

사람들을 대하거나 세상을 보게 되면

억울하고, 답답하고, 화나는 일만 되풀이될 뿐이다.

나는 잘못한 것이 없는데 상대의 잘못으로 인해

이렇게 나쁜 결과가 빚어졌다는 생각에 도달하게 되는 까닭이다.

어떤가? 당신은 그렇지 않은가?

진심으로 내 생각이 옳다고 믿고 있는가?

언제 어느 순간이든 자신을 되도록 객관적으로 들여다볼 필요가 있다. '내 생각이야말로 지극히 상식적인 것'이라고 믿거나 그렇기 때문에 내 생각이 옳다고 판단하지 말고, '정말 내 생각이 맞는 걸까?'라고 진심으로 의심해 보는 것이다. 관점을 달리하여 몇 번을 생각해도 자신이 옳다는 느낌이 든다면? 그것은 옳은 것일 확률이 높다.

하지만 자신이 정말로 옳은가를 생각했을 때 '전에는 그렇게 생각됐는데 이렇게 생각할 수도 있겠구나' 또는 '깊이 생각해 보니 그런 케이스도 있을 수 있네. 내 생각만이 옳다고 할 수는 없겠다'라는 생각이 들 수도 있다. 그렇기 때문에 생각을 다양하고 신중하게 하게 되면 그만큼 사물을 보는 방법이나 받아들이는 방법도 바뀔 수 있으며, 그를 통해 배우는 것도 많아질 것이다.

동료의 말 때문에 느꼈던 분노의 감정은 무엇일까?

분노의 감정에 휩싸이게 되었을 때도 자신의 생각만이 옳다고 몰아가지는 말자. '과연 내 생각이 옳은가?'라고 한번쯤 의심해 보는 것이 좋다. 이것은 그다지 어려운 일이 아님에도 불구하고 실제로는 그러지 못해서 일을 그르치는 경우가 많다. 때로는 나를 향한 상대의 지적이 틀리지 않았는데도 인정하고 싶지 않아서 괜스레 화를 내는 일도 있다.

내가 회사원으로 일할 때의 일이다. 잠에서 깨어나 시계를 보니 출근 시간 30분 전이었다. 순간, 나는 패닉 상태에 빠졌다. 세수와 양치질은커녕 와이셔츠와 팬츠만 걸치고, 회사를 향해 뛰었다.

회사에 도착하니 마침 아침 회의가 절정에 이른 시간이었다. 50여 명의 영업부 직원의 시선이 일제히 내게로 쏠렸다. "대단히 죄송합니다. 깜빡 늦잠을 자다 보니 지각하게 되었습니다." 그러자 한 직원이 느닷없이 "그런데 자네는 전철 안에서 넥타이를 맬 시간도 없었나 보네"라고 말했다. 나는 넥타이를 손에 쥐고 있었다. 그 순간 전신의 피가 머리 쪽을 향해서 역류하는 듯한 느낌이 들었다. 그러고는 이내 '아니 저 친구가 어떻게 이 많은 사람들 앞에서 나를 망신 줄 수 있지?'라는 분노의 감정이 치솟았다.

그런데 내 자리에 앉아 아침 회의를 마치는 동안 냉정히 생각해 보니 동료의 말이 옳았다. 전철 안에서 넥타이를 맬 시간은 무려 12분이나 있었다. 그런데도 나는 늦잠을 잤지만 넥타이를 맬 시간도 없이 나름대로 최선을 다해 회사에 황급하게 달려왔다는 것을 어필하고 싶었는지 모른다. 그게 아니라면 지각으로 인해서 벌어질 끔찍한 일들에만 마음을 쏟느라 평정심을 잃었던 것일 수도 있다.

조금만 더 생각해 보면 쉽게 정리될 수 있는 일임에도 불구하고 그 순간 동료의 말에 느꼈던 분노의 감정은 무얼까? 그것은 바로 아픈 데를 찔렸기 때문에 나타나는 반응 외엔 아무것도 아니었다. 이른 바 '허를 찔렸다'는 감정이었을 것이다. 나로서는 결코 남에게 보여 주고 싶지 않은 부분을 상대가 정면으로 파헤쳤기 때문에 분노의 감정이 일어난 것이다.

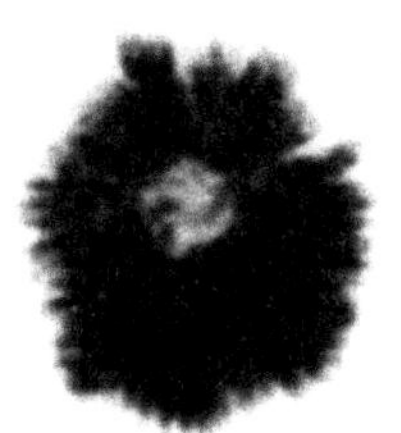

감정이 정보에 컨트롤당하지 않게 하라

정말 사소한 소문 하나가 입에서 입으로 전해지는 동안 눈덩이처럼 불어나는 일을 얼마든지 목격했을 것이다. 마찬가지로 누군가는 확실하다고 믿는 정보 역시 그것을 전하는 중개자에 의해 왜곡될 가능성이 높다. 말 전하기 게임처럼 중간에 사람이 개입되면 내용이 변화되고 마는 것이다.

내가 직장 생활을 할 당시, 친구가 다니던 회사는 1년간의 예산이 확정되면 그것을 11로 나눠 11개월 안에 달성하는 것을 목표로 하고 있었다. 마지막 1개월은 11개월에 달성할 수 없었던 부분을 보충하는 것으로 사용되지만, 주목적은 1년간 일한 데 대한 감사의 뜻을 담아 외근이나 고객 답례를 행하는 것으로 되어 있었다. 그런데 그 말이 전해지는 과정에서 마지막 1개월에 무엇을 하는지의 내용 같은 것은 완전히 생략되었다.

"저 회사는 1년간의 책임량을 11개월에 달성하라고 한대!"

"남은 1개월엔 무얼 하는데?"

"잘은 모르지만 더욱더 매상을 올려 120%를 달성하려는 게 아니겠어?"

"120%가 의무 책임량이라면 참 지독한 회사네…."

이처럼 중요한 어느 부분이 생략된 상태로 대화가 오간다면 그 정보는 완전히 다른 것이 되고 만다. 한 회사의 혁신적인 시스템이 심각한 노동 착취의 산물처럼 표현될 수도 있는 것이다.

또한 그 말을 전하는 사람이 생각하는 이미지에 따라서도 정보가 제멋대로 바꿔치기 되기도 한다. 누군가로부터 "슈트 스타일의 남성이 앉아 있다"라는 말을 들었다고 하자. 그런데 그것을 전하는 사람의 머릿속에서 '슈트는 곧 샐러리맨'이라는 이미지로 전환되면 다른 사람에게 "샐러리맨이 앉아 있다"라고 전달되는 것이다.

또한 독자적으로 형성된 네트워크 중에서 똑같은 정보를 두 번 이상 듣게 되면 그 정보가 사실인지 아닌지 확인도 하지 않은 상태에서 단지 '모두가 알고 있기 때문에' 사실이라고 확신하게 되는 일도 잦다. 가령 A씨로부터 "B씨가 당신을 험담하고 다니는 것 같다"라는 말을 들었다고 가정해 보자. 처음에는 "설마 그럴 리가 없을 텐데…" 정도로 생각하고 있다가도 C씨로부터 또 한 번 그런 말을 듣게 되면 이번에는 '역시 그 말이 사실이구나'라고 확신하게 된다. 하지만 두 번째로 말을 전달한 C씨는 A씨로부터 그 말을 전해 들었을 수도 있다.

그러므로 정보에 일희일비하는 것은 삼가는 것이 좋다. 왜냐하면 자신이 직접 눈으로 보고 들은 것이 아닌 한, 타인으로부터 전해 들은 정보는 사실과 전혀 다를 수 있기 때문이다. 단순한 소문을 진실로 받아들이고 분노를 터뜨리거나 화를 내는 것은 불필요한 시간 낭비일 뿐이다.

화를 낼 수밖에 없는 상황을 만드는 데

가장 크게 기여하는 것은 다름 아닌 말이다.

누군가에게 전해 들은 말로 인해 화가 나기도 하고,

대화 중 상대방의 말 때문에 화가 나기도 하며,

때로는 내가 쏟아 놓은 나의 말 때문에

몹시 언짢아지기도 한다.

일상에서 불필요한 말을 줄이면

화를 줄일 수 있다는 것도 바로 이런 이유 때문이다.

그렇다면 당신은 어떤 타입인가?

한번쯤 생각해 보자.

당신은 말을 많이 하거나 자주 옮기는 타입인가?
남의 말에 예민하게 반응하는 편인가, 아닌가?

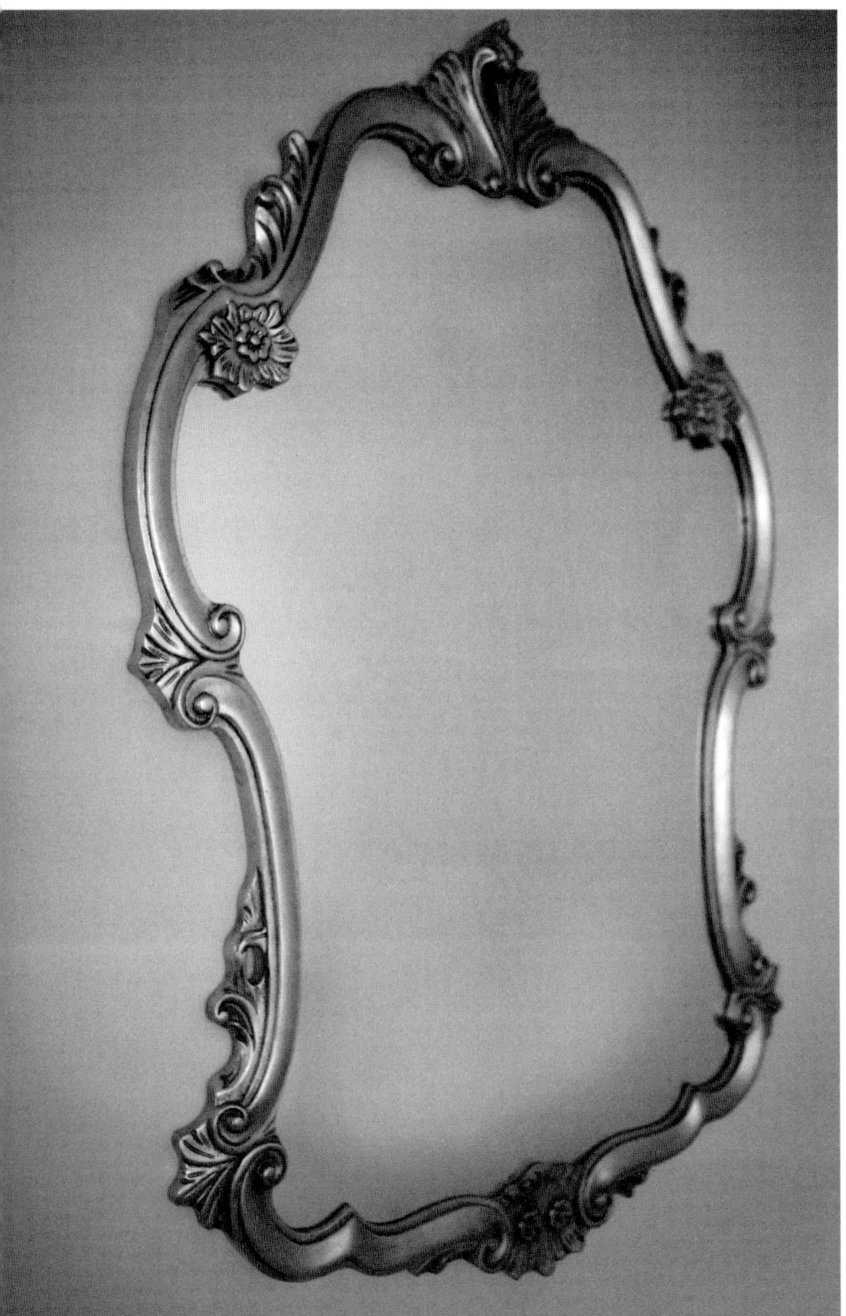

분노란 '두뇌의 노화 현상'이다

마음의 노화가 '화'의 원인이 되는 일도 있다. 나이 많은 장년층을 대하다 보면 어쩐지 예전에 비해 생각이 많이 왜곡되어 있다는 느낌을 받을 때가 있을 것이다. 대화가 쉽게 끝나지 않고, 지루하고 끈질기게 이어지는 상황 말이다.

어쩌면 이것은 나이를 먹은 자신에게 주위의 관심을 조금이라도 더 집중시켜 보기 위한 대응책인지도 모른다. 뿐만 아니라, 점점 희미해지거나 퇴색되고 있는 자신의 존재 가치를 느끼거나, 일에서 손을 놓게 된 후 하루가 다르게 깊어지는 쓸쓸함을 덮어보기 위해서일 수도 있다. 본인은 평생의 살아온 경험을 바탕으로 열심히 이야기하고 있지만, 젊은 사람들이 흥미진진하게 들어주지 않는 데 대한 허탈감을 지우기 위해서 지루하기 짝이 없는 이야기들을 늘어놓게 되는 것이다. 이것은 나이 든 사람들에게서 나타나는 일반적인 심리 현상이라고도 할 수 있다.

이와 마찬가지로 만나면 언제나 불평불만을 늘어놓는 사람이나, 스트레스와 고민에 쌓여 있어서 웃는 얼굴을 보기 힘든 사람의 경우는 실제 나이보다 훨씬 늙어 보이는 경향이 있다. 반대로 건강하고 항상 미소를 띠고 있으며, 사물에 흥미를 갖고, 활발하게 취미 생활을 즐기는 사람에게서는 젊은 기운이 느껴진다.

이처럼 그 사람의 감정이나 사고에 따라 젊게 보이기도 하고 나이 들어 보이기도 한다. 결국 마음의 노화는 희로애락 등의 감정을 무디게 하고, 의욕이나 기력을 저하시키는 결과를 낳게 한다. 그러므로 자신이 왠지 화만 내고, 끈덕지고, 눈물을 잘 흘리고, 항상 불안하고, 질병에 필요 이상으로 신경 쓰는 등의 조짐이 있으면 무엇보다 마음을 편안하게 갖기 위해 노력하는 것이 좋다.

성과 · 결과
행동 · 태도 · 자세
기량
테크닉
지식 · 기술
마음가짐 · 사물을 보는 방법 · 생각하는 방법

인생의 성과는 생각하는 방법, 마음가짐에 따라 변한다

누구나 내 인생을 제대로 빚고, 키우고, 만들어가고 싶어 한다. '참 잘 살았다' 혹은 '참 잘 살고 있다'라는 성과를 내고 싶은 것이다. 그렇다면 인생의 성과는 어떻게 결정지어질까?

나무에는 뿌리와 줄기, 가지와 잎, 열매가 있다. 인생의 성과도 이와 많이 닮아 있다. 우선 '사물을 보는 방법' '생각하는 방법' '마음가짐'에 해당하는 뿌리 부분이 있다. 그 위의 줄기 부분이 '지식' '기술' '테크닉' '기량'이다. 가지와 잎 부분이 '행동' '태도' '자세'이며, 마지막으로 '성과'나 '결과'에 해당하는 것이 바로 열매다.

실은 이 세상에 있는 것은 모두, 인간이 사물을 보는 방법이나 생각하는 방법, 마음가짐에 의해 파생된 현상이다. 이 세상에 존재하는 모든 물건은 인간의 마음이 만들어낸 성과물이다. 당신의 눈앞에 있는 모든 것이 그러하다.

당신이 사용하고 있는 모든 상품은 누군가가 '이런 것이 있으면 편리하지 않을까?'라고 생각한 데서 비롯되었다. 누군가의 물건을 보는 방법, 생각하는 방법 속에서 파생된 결과물인 것이다.

때문에 좋은 성과를 거두고 싶다면 자신의 뿌리 부분을 차지하고 있는 사물을 보는 방법, 생각하는 방법, 마음가짐을 다시 살펴볼 필요가 있다. 나무 전문가는 뿌리를 보면 나무의 상태를 전부 알 수 있다고 한다. 이처럼 뿌리가 튼튼한 나무는 좋은 열매를 맺을 수 있다. 다디단 과실을 얻고 싶다면 우선 당신의 뿌리 부분을 먼저 의식하는 것이 좋다.

당신은 무엇을 위해 살고 있는가?

이런 이야기가 있다. 세 사람의 벽돌공이 큰 수도원을 건축하는 현장에서 일하고 있었다. 완공까지 1백 년이 걸리는 대규모 공사였다.

하루는 지나가던 한 사람이 세 명의 벽돌공에게 "당신은 무엇을 하고 있습니까?"라고 정중히 물었다.

한 벽돌공이 "보면 몰라요? 벽돌을 쌓고 있잖아요. 이런 일은 이제 넌더리가 난다니까요"라고 답했다.

두 번째 벽돌공에게 물어보자 그는 "벽돌을 쌓아 벽을 만들고 있지요. 이런 일은 위험하지만 임금이 좋기 때문에 이곳에서 일하고 있답니다"라고 답했다.

마지막으로 세 번째 벽돌공에게 묻자 "나는 수도원을 짓기 위해 벽돌을 쌓고 있습니다. 이 수도원은 많은 신자들에게 마음의 안식처

가 될 것입니다. 나는 이 일을 하게 되어서 정말 행복합니다"라고 답했다.

그로부터 10년 후, 첫 번째 벽돌공은 예전과 마찬가지로 여전히 구시렁거리며 벽돌을 쌓고 있었고, 두 번째 벽돌공은 위험하지만 좀 더 많은 임금을 받는 지붕 위에서 일하고 있었다. 세 번째 벽돌공은 여러 가지 지식과 기술을 익혀 현장 감독으로서 시공을 맡고 있었다.

이 세 사람의 차이점은 무엇일까?

그것은 벽돌을 쌓는 자신의 일에 대해 얼마만큼 사명감과 성실함을 갖고 최선을 다했는가의 차이가 아닐까 한다. 말하자면 '생각하는 방법의 차이'다. 나무에 비유하면 뿌리 부분의 차이를 일컫는 말이다. 일에 대해 최선을 다하는 마음가짐, 일을 받아들이는 생각의 차

이 때문에 그렇듯 다른 성과를 내게 되었다는 말이다.

가령, 열차 바퀴의 아주 작은 볼트를 죄는 일에 있어서도 그 일을 하는 사람이 없으면 열차가 완성될 수 없다. 아무리 사소한 일이라도 태만하지 않고, 지금 자신이 하는 일이 다른 사람들에게 어떤 영향을 미칠 것인지를 생각하며 일에 임하는 것만으로도 결과는 크게 달라질 것이다. 이것은 인생에도 적용된다.

'어떻게 살아갈까?' 하고 생각하는 방법에 따라 진실한 인생을 살 수도 있고 그 반대일 수도 있다. 하나뿐인 내 인생에서 좋은 성과를 내기 위해서는 지금이라도 당장 마음속의 부정적인 생각, 치밀어 오르는 분노 등을 지워버리는 것이 급선무다. 왜냐하면 그렇게 해서 얻은 성과는 다른 누구도 아닌, 바로 당신 자신에게 돌아갈 것이기 때문이다.

나의 삶을 어떻게 바라보고 있는가에 따라

그 사람의 미래는 달라질 수밖에 없다.

지금의 내 삶에 만족하지 못한 채

끊임없이 불만 요소들만 짚어내고 있는지,

혹은 어쩔 수 없으니 이대로 살 수밖에 없다고 생각하며

불만도 희망도 없이 끌려 다니고 있는지,

그도 아니라면 열악한 환경이지만

끊임없이 미래를 위해 희망을 품고 뛰는지….

지금의 그 마인드에 따라

당신의 미래는 어떤 모습으로든 달라져 있을 것이 분명하다.

한번쯤 생각해 보라.
나의 현재를 바라보는 시각은 어떠한지를.
그리고 예측해 보라.
지금 그대로의 마인드로 산다면
당신의 미래는 과연 어떻게 될까?

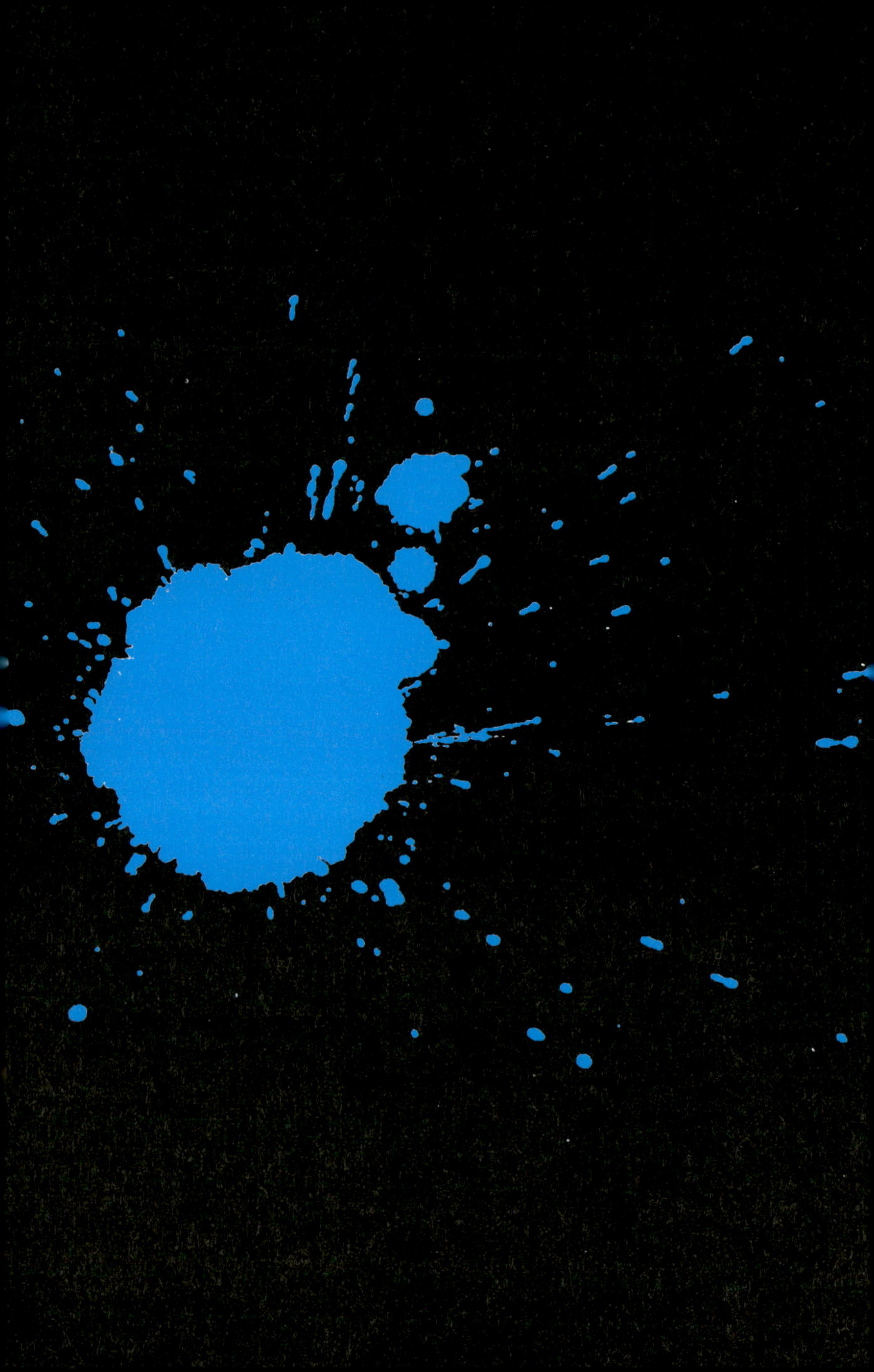

Part 3

감정 컨트롤은 곧 인생 컨트롤이다

감정을 다루는 방법들

오늘, 당신이 변한다면 미래를 바꿀 수 있다

오늘 이 시간을 살고 있는 당신을 만든 것은 무엇일까? 당신 자신을 이뤄낸 것은 다름 아닌 '과거'다. 과거에 당신이 무엇을 해왔는지, 그 시간들이 쌓여서 오늘을 빚어낸 셈이다. 즉, 지금까지 당신이 어떤 씨를 뿌리며 살아왔느냐에 따라 현재의 당신 모습이 결정되었다고 해도 과언이 아닐 것이다.

과거에 당신은 좋은 씨를 뿌리기도 했지만 전혀 득이 될 것 없는 나쁜 씨를 뿌리기도 했을 것이며, 뿌리고 일군 씨의 종류도 다양할 것이다. 그렇다면 지금 당신의 모습은 과거에 뿌린 씨앗의 결과임이 분명하다.

당신이 마주하고 있는 분노도 마찬가지다. 분노가 치미는 수많은 상황들은 과거에 당신이 무엇을 해 왔는가를 말해 주는 한 단면이기도 하다. 더 정확히 말한다면 과거에서부터 키워온 가치관으로 인해 눈앞의 사실이 불쾌하게 여겨질 수도, 혹은 아닐 수도 있는 것이다.

때로는 생각하기도 싫은 과거, 좀 더 멋진 과거로 남게 할 수는 없을까, 궁리도 해보지만 과거는 과거일 뿐이다. 기억하고 싶지 않은 과거라고 해도 그것을 좋은 기억으로 바꿔서 생각할 수는 있겠지만 사실, 다시 빚을 수는 없는 것이 과거다. 하지만 변할 수 있는 것도 있다. 그것은 바로 '미래'다.

그렇다면 지금부터 당신이 집중해야 할 것은 바로 미래의 내 모습이다. '10년 후, 20년 후의 나는 어떤 모습일까?'라고 진지하게 고민해야 할 것이다.

그것은 지금부터 어떤 일을 하는가에 달려 있다. 그것이 바로 지금부터 당신이 뿌리게 될 씨앗이다. 어느 한 순간부터 뿌리기 시작한 씨가 미래의 당신 모습을 결정하게 될 것이니 말이다. 이렇게 구체적인 생각을 하다 보면 지금 내가 보내고 있는 순간순간들이 더없이 소중하다는 인식을 갖게 될 수밖에 없다.

다시 한 번 곰곰이 자문해 보자. '과거에 나는 어떤 씨를 뿌려왔는가?'라고. 그리고 지금 나는 어떤 씨를 뿌리고 있는가에 대해서도 찬찬히 되돌아보자. 10년 후, 20년 후에도 당신이 원하는 꽃을 피우려 한다면, 지금부터 어떤 씨를 뿌리는가가 중요하기 때문이다.

그렇다. 미래는 달라질 수 있다는 것. 오직 이 한 가지만 생각하자. 바로 나의 '오늘'이 그 미래를 바꿀 열쇠라는 것까지도.

마쓰시타 고노스케와 마쓰이 히데키 선수의 어록

마쓰시타 사장이 배에서 내려 부둣가를 걷고 있었는데, 돌연 덩치 큰 남자와 부딪쳐 바닷속으로 빠졌다. 함께 있던 비서가 깜짝 놀라며 달려가 말했다.

"사장님, 괜찮으십니까? 제가 가서 그에게 따지고 오겠습니다."

그때 마쓰시타 사장은 어떤 말을 했을까? 보통 사람이라면 '아니 저 사람 대체 정신이 나갔나. 장난하는 것도 아니고?'라고 생각할지도 모른다. 그리고 상대에게 쫓아가서 당장 사과를 하게 만들거나 주먹을 날릴 수도 있고, 어쩌면 세탁비 정도쯤은 거뜬히 받아낼 수도 있을 것이다. 그러나 마쓰시타 사장은 달랐다.

"아닐세. 다행히도 여름이어서 시원하고 좋네."

여전히 서슬이 퍼래서 달려가 따지고 올 기세인 비서를 향해 이런 말도 덧붙였다.

"괜한 짓 하지 말게나. 지금 따진다고 해서 내가 바다에 빠지지 않은 것으로 되는 것은 아니네. 바다에 빠지지 않은 것으로 된다면 얼마든지 가서 따지고 오게나. 그러나 그런 일은 있을 수가 없네. 새삼 그에게 가서 따진다 해서 내가 물에 빠진 사실이 바뀌는 것은 아니지 않는가? 어서 앞장이나 서게. 가던 길이나 가지."

젖은 슈트를 손으로 툭툭 털어내고는 아무 일도 없었던 듯이 걷더라는 그의 에피소드를 듣고, 나는 이런 생각을 했다. 그는 화를 다스리는 기술을 알고 있는 사람이었을 것이라고. 바다에 빠진 일을 두고 일일이 따져 묻는다고 해도 그 사실 자체는 변하지 않는다.

마쓰시타 사장은 변하지 않는 사실에 대해 화를 내기보다는 하던 일에 지장을 주지 않는 것, 즉 미래를 향해 가는 것이 더 중요하다고 생각했기 때문에 그런 행동을 보일 수 있었을 것이라고 말이다.

미국 오클랜드 애슬레틱스에서 활약하고 있는 마쓰이 히데키 선수는 「부동심(不動心)」이라는 책을 쓴 저자이기도 하다. 그는 책을 통해 자신이 볼을 치지 못했을 때의 심정을 이렇게 기록하고 있다. "회한은 가슴에 묶어둔다. 그렇지 않으면 다음에도 실패할 가능성이 높기 때문이다. 컨트롤할 수 없는 과거보다 변화시킬 수 있는 미래에 건다. 그렇게 생각하지 않으면 실패와는 친해질 수 없기 때문이다. (중략) 화가 나고 불만이 터져 나오는 데는 나 자신도 어찌할 방법이 없다. 분노의 감정은 좀처럼 멈추려고 하지 않는다. 단, 그것을 입 밖으로 꺼내느냐 참느냐는 자신이 결정할 문제다. 거기에 일획을 긋는 사람이 바로 자신을 컨트롤할 수 있다고 생각한다."

전철이 오지 않고, 버스도 오지 않고, 엘리베이터도 오지 않는다

우리 인생에는 나의 힘으로 변화시킬 수 있는 일이 있고, 내 힘으로는 도저히 바꿀 수 없는 일이 있다. 바로 이런 사실을 정확하게 인식하는 것이야말로 시간을 유효하게 사용하고, 성공적인 인생을 만드는 요령이다.

변화시킬 수 없는 것의 대표적인 한 가지가 바로 일기(日氣)다. 휴일에 디즈니랜드에 가기로 약속했다고 가정해 보자. 기대에 부풀어 잠도 제대로 못 자고 평소보다 일찍 일어나 창문을 연다. 그런데 밖에는 황사비가 주룩주룩 내리는 게 아닌가. 실망해서 맥이 풀린다. 누구라도 절망적인 기분이 들 것이다. 그런데 그 비는 도저히 어떻게 할 수가 없다. 비가 그치기를 원하지만, 그칠 수도 계속해서 내릴 수도 있다. 그것은 당신의 능력 밖의 일이다.

반대로 해가 쨍쨍 내리쬐는 날이 지속되어 물 부족 사태가 발생했다고 가정해 보자. 논의 벼는 시들고 댐의 물은 말라가고, 단수가 지속되고 있다. 그렇다 해도 비를 내리게 할 수는 없다. 나로서는 도저히 손을 쓸 수 없는 일이다.

이처럼 가만히 생각해 보면 나의 힘으로 변화시킬 수 없는 것이 우리 주위에는 너무나 많다. 기다려도 전철이 오지 않고, 버스도 오지 않고, 엘리베이터도 오지 않는다. 전철이 오지 않아서 버스 정류장으로 달렸는데 역시 버스도 감감무소식. 하지만 어찌해 볼 도리가 없다. 고층 빌딩으로 올라가야 하는데 엘리베이터가 빨리 오지 않아 버튼을 쉴 새 없이 누르며 안달복달하는 사람이 있다. 하지만 버튼을 한 번 누르나 50번 누르나 엘리베이터는 올 수도 있고, 안 올 수도 있다. 이 역시 괜한 일에 마음을 쏟고 에너지를 낭비하는 것일 뿐이다.

이런 사실에 공감한다면 바로 이런 공식을 당신의 모든 인생사에 적용해 보라. '나는 지금 내 힘으로 변화시킬 수 없는 일에 쓸데없는 에너지를 쏟아 붓고 있는 것은 아닌가?'라고 자문해 볼 필요가 있다.

연일 비가 내리고 있을 때 당신은 어떤가?
혹시 짜증을 내고 있지는 않은가?
"대체 이 비는 언제까지 오려는 거야?" 하면서
인상을 쓰고 있지는 않은가?
그렇다면 연일 폭염이 이어질 때는 또 어떤가?
"비라도 시원하게 쏟아지면 좋으련만…" 하면서
마른하늘을 타박하게 되지는 않는가?

**당신의 그 원망이 하늘을
변화시킬 수 있을까?
되지도 않을 일에 괜한 짜증만
내고 있는 것은 아닐까?**

기쁨을 가진 사람을 만나는 것은 즐거운 일이다. 늘 웃는 얼굴을 하고 내 눈앞으로 다가오는 사람은 '기쁠 것 하나 없는' 당신의 마음까지도 변화시킬 만큼 큰 힘을 가지고 있다. 그렇다면 나 역시 무슨 일에서든 기뻐하기 위해서는 어떻게 하는 것이 좋을까?

그것은 '최선을 다하는 방법'이나 '생각하는 방법'에 따라 달라질 수 있다. 그 무엇보다 우선 당장 변화시킬 수 있는 일에 에너지를 집중하고, 변화시킬 수 없는 일은 그대로 받아들이는 것이다.

내가 마음속에 중요하게 간직하고 있는 말이 있다. "청명한 날에도 기뻐하자. 비가 오는 날에도 기뻐하자. 무슨 일에서도 기뻐하자"가 그것이다. 이것은 「번영의 법칙」이라는 이메일 매거진에서 발견한 말이다.

한여름 태양이 쨍쨍 내리쬐는 날, 밖에서 일을 하고 있는 중이라면 당신은 아마도 이렇게 말할지 모른다.

"더워서 참을 수가 없네. 이놈의 날씨는 언제쯤에나 시원해지지?"

"비구름이라도 몰려왔으면 좋겠는데… 답답하군."

반면 비가 내리는 날에는 또 이렇게 말할지도 모른다.

"옷이 젖는 것은 딱 질색이야. 하필이면 왜 오늘 같은 날, 비가 오는 거지?"

"짐도 많은데 우산까지 들고 다녀야 하다니! 아, 정말 귀찮아 죽겠네."

"오늘 같은 날은 시야가 흐려서 운전하기가 어려울 텐데. 정말 신경 쓰이네. 아! 짜증 나."

이렇게 시시콜콜 불만스러운 점들만 골라내어 생각하다 보면 단 하루도 완벽하게 좋은 마음으로 보낼 수 없게 된다. 비가 와서 짜증이 나고, 쨍하게 더워서 피로가 몰려오며, 바람이 불어서 번거롭고, 추위 때문에 손발이 다 오그라들고 말 테니까.

어떻게 생각하든 비는 온다. 어떻게 말하든 여름 볕은 뜨겁고, 인상을 쓰든 아니든 불어야 할 바람은 제 마음대로 분다. 어차피 그렇게 정해진 공식이라면 차라리 받아들이는 쪽이 현명하지 않은가. 청명하거나 혹은 비가 오는 날에도 '감사하다'라는 생각으로 내 마음을 전환해 보자. 자기중심적으로 생각하는 방법에서 벗어나 좀 더 넓게 생각하려고 노력하길 바란다.

비단, 날씨뿐만이 아니라 자신에게 불리한 일이 발생하면 불만을 갖기에 앞서 좀 더 글로벌한 시각을 갖고 사물을 대하는 습관을 길러보자. 그것이 당신에게 행복을 가져다주고, 번영을 이뤄줄 것이다. 사물을 하나의 시점이 아닌, 다양한 시각으로 바라보게 되면 조금 더 새로운 것을 발견할 수 있을 것이다. 비가 내린다 해도 그것은 자신이 변화시킬 수 없는 일이라는 사실을 인지하는 것. 이것만으로도 당신의 시간과 공간이 달라질 것이다. 또한 비가 오더라도 '또 비야? 오늘은 장사 꽝이네'라고 생각하기보다 '비가 오네. 건조한 공기가 좀 습해지겠는걸' '나는 좀 귀찮지만 이 비 덕분에 가뭄으로 고생하는 사람들이 한시름 놓겠군' 등, 가능한 한 긍정적인 쪽으로 생각을 몰고가보는 것은 어떨까?

어차피 타인은 변화되지 않는다

변하지 않는 과거와 마찬가지로 타인을 컨트롤하는 것은 불가능하다. 가령, 상사라고 해서 부하 직원을 마음대로 컨트롤할 수는 없다. 사랑하는 연인이나 부부간의 트러블도 대부분 상대방을 변화시키려고 하는 이기심에서 비롯된다. 뿐만 아니라 부모가 자식을 마음대로 좌지우지할 수 없는 것도 같은 이치다.

나는 독립해서 회사를 차렸을 무렵, 생각대로 실적을 올리지 못하는 상황에 부딪혔다. 나는 오직 '부하 직원을 움직이게 하기 위해서는 어떤 전략이 필요할까?' '직원을 움직일 수 있게 하는 비책은 없을까?' 등의 문제에 대해서만 생각했다. 당시, 한 세미나에 참석했던 나는 그날 출연한 강사에게 그 문제에 대한 질문을 던졌다.

"부하 직원이 좀처럼 생각대로 움직여주지 않을 때, 당신은 어떻게 하고 있습니까? 무언가 비결 같은 것이 있으면 들려주십시오."

그러자 그는 어안이 벙벙한 얼굴로 대답했다.

"무슨 말씀이신가요? 사람을 움직일 수 있다고 생각하는 것 자체가 터무니없는 생각입니다. 상사가 할 수 있는 일이란 부하가 스스로 움직일 수 있도록 환경을 만들어주는 것뿐입니다. 이것이 가장 중요한 일이지요."

그 말을 듣는 순간, 나는 할 말을 잃고 말았다. 쇠몽둥이로 머리를 세게 얻어맞은 듯한 충격을 느꼈다. 그때까지의 나는, '어떻게 하면 부하 직원을 내 의지대로 움직이게 할 수 있을까?'라는 생각밖에 없었는데, 그런 고민 자체가 잘못된 것이었다. 상사가 일을 시키는 방법이나 생각하는 방법이 아무리 옳다고 해도, 부하가 납득하고 스스로 움직이지 않는다면 아무런 의미가 없는 것이다. 그런 상태에서 부하 직원을 무리하게 움직이고자 한다면 단기적으로는 일이 잘 진행되는 듯이 보여도, 결코 오래가지 못할 뿐만 아니라 원하는 결과도 얻을 수 없을 것이다.

'사람을 움직이려고 한다는 자체가 터무니없는 생각'이라는 말에 큰 충격을 받은 나는 그 후로 나의 경영 스타일을 완전히 바꿨다. 내 자신이 섬기는 사람이 되어, 부하 직원을 백업해 가는 스타일로 나 스스로를 변화시킨 것이다. 그러자 직원들은 즐겁게 일을 시작했고, 실적도 자연스럽게 올라갔다.

자녀를 부모의 이상형에 맞추려고, 아이에게 무리하게 공부를 시키려고 하는 부모들이 있다. 그러나 아이에게 벅찬 요구를 하기 전에 부모가 먼저 생각해야 할 것이 있다. '어떻게 하면 아이 스스로 의욕을 갖고 공부를 할 수 있는가?'이다. 이를 위해 부모로서 무엇을 할 수 있는가 생각해 보는 것이 무엇보다 중요하다.

진정한 사랑이 무엇인지 잘못 이해하고, 부모라는 권한을 이용하여 아이에게 자신의 생각을 강요하는 것은 아이의 인격을 무시하고 부모 마음대로 하는 행위에 지나지 않는다. 만약 당신이 이런 타입의 부모라면 그 무엇보다 진정한 의미의 사랑이 무엇인지부터 다시 공부해야 할 필요가 있다.

당신은 지금 이런 문제로 고민하고 있지 않은가?

사랑하는 사람을 내 스타일과 내 방식으로

길들이고 싶은데 잘 되지 않는다,

자식이 뜻대로 커 주지 않는 것이 답답하다,

친한 친구가 전혀 다른 생각을 갖고 있는 게 아쉽다,

부하 직원이 최선을 다해 움직이지 않는 것이

몹시 화가 난다… 등등.

화를 낸다고, 가슴을 친다고, 속상해한다고

그들이 당신 생각처럼 변화될 수 있을까?

그렇다면 이쯤에서 한번쯤 생각해 보자.

혹시 당신이 못마땅해하는 그 상대방 역시도 자신과 다른 당신 때문에 화를 내고 있는 것은 아닐까?

감정은 행동에 지대한 영향을 미친다

감정이 행동에 미치는 영향은 지대하다. 가령, 공포 영화를 보고 나오는 사람들을 보면 대부분 어깨를 떨거나 양미간에 주름을 모으고, 굳은 표정을 짓고 있다. 공포 영화를 봄으로써 감정이 자극을 받아 무의식중에 그런 표정이나 태도를 보이게 되는 것이다. 마찬가지로 아이돌 그룹의 콘서트를 보고 나오는 사람들의 표정을 보면 왠지 밝고 활기차 보인다. 자신도 모르는 사이에 감정이 행동에 영향을 미친 결과다.

내가 다니고 있는 헬스 클럽의 러닝머신에는 작은 텔레비전이 붙어 있다. 어느 날 운동을 하다가 우연히 TV를 보니 지극히 맥 빠지는 드라마를 하고 있었다. TV를 보면서 머신 위에서 달리기는 했지만 왠지 기분이 완전히 시들해져 버렸다. 기분만 시들해진 것이 아니라 달리는 속도 역시 자연히 둔해졌다. 그래서 채널을 돌려 다른 방송국의 오락 프로그램을 틀어놓았다. 얼마 지나지 않아 기분이 상승되면서 열심히 달리고 있는 나 자신을 발견하게 되었다. 이렇듯, 그저 건성으로 보고 있는 TV조차도 실제로 나의 행동에 큰 영향을 미치는 것이다.

감정과 행동은 자동차의 양 바퀴와 같다. 가령 깡충깡충 뛰면서 화를 낼 수 있는가? 깡충깡충 뛰는 것은 주로 즐거울 때나 기쁠 때 나오는 행동이므로 뛰면서 화를 내기란 어려운 일이다. 눈물을 뚝뚝 흘리면서 활짝 웃는 입 모양을 만들 수 있는가? 역시 쉽지 않은 일이다. 감정과 행동은 짝을 이루어 움직이고 있다는 사실을 다시 한 번 인지한다면 감정이 우리 인생에 미치는 영향력이 얼마나 큰지도 느낄 수 있게 될 것이다.

일류와 이류의 차이

앞에서 말했듯 이 세상에는 변하는 것과 변하지 않는 것이 있다. 변하는 것 중의 하나가 감정, 즉 감정은 충분히 컨트롤할 수 있다는 뜻이다.

직장에서 동료와 함께 팀을 이뤄 일하는 중에 동료의 진행 방법이 어설프거나 실수 연발에 속도까지 느려서 손해를 본 적이 있을 것이다. 그렇게 되면 사실, 화가 나는 게 일반적이다. 하지만 화를 낸다고 해서 그가 일을 요령 있게 하고, 속도를 내서 빨리 처리할 수 있는 것은 아니다. 내가 아닌 남을 바꾸는 것은 결코 쉽지 않은 일이기 때문이다. 하지만 화가 나는 자신을 변화시키는 일은 가능하다. 생각하는 방법이나 상황을 받아들이는 방법을 바꾸면 안달복달하거나 화를 내지 않고도 여유롭게 지낼 수 있다.

성공한 사람들이 지니고 있는 커다란 공통점은 대부분이 '감정 조절의 달인들'이라는 사실이다. 미국 프로 야구 메이저리그의 일급 선수들은 자신의 감정을 능숙하게 컨트롤한다. 야구 중계방송을 보면서 깨닫는 것은 일급 선수들은 모두가 마운드에서 무표정이라는 사실이다. 기자 회견장에서는 애교를 띤 웃는 얼굴을 보이고, 어눌한

말투도 매력적이지만 마운드 위에서는 전혀 별개의 사람처럼 무표정이다. 경기를 하는 중에 감정을 드러내는 경우는 거의 없다.

이것은 그만큼 자신의 감정을 완전히 컨트롤하고 있다는 증거다. 특히나 주목받고 있는 일급 투수들은 모두가 포커페이스(Poker face)다. 이는 상대 팀에게 표정으로 인해 자신의 감정을 들키지 않게 하기 위한 것으로, 마운드 위에서는 철저히 쿨한 표정을 짓고 있는 것이다. 일류가 되면 될수록 감정 컨트롤에 능숙하다. 감정 컨트롤을 잘하는 사람은 정서적으로 안정되어 있다. 일에 몰두할 때는 집중력을 발휘하고, 냉정하게 최선을 다한다.

분노는 무모함으로 시작해서 후회로 끝이 난다

미국 오클랜드 애슬레틱스에서 활약하고 있는 마쓰이 히데키 선수는 어떤 상황에서도 방송에 대응을 잘해 주고 있으며, 그의 신사적인 태도에 많은 사람들이 칭찬을 보내고 있다. 이에 대해 그는 자신의 저서 「부동심(不動心)」에서 이렇게 말했다.

"방송에서 하는 인터뷰 중에 확실히 나의 기분을 거스르는 것이 목적인 것 같은 질문이 전혀 없지는 않다. 솔직하게 말하면 때론 마음속에서 불끈 화가 치밀기도 한다. 그러나 기자들도 기사를 쓰기 위해 그런 질문을 던지는 것으로, 개인적으로 나에게 나쁜 감정이 있는 것은 아니라고 생각한다. 때문에 나는 어떤 질문에도 성실하게 답하고자 한다. 이치로 선수는 이전에 선수나 기자 모두 열심히 수양을 닦아야 한다고 말한 적이 있다. 나 역시 그렇게 하는 것이 이상적이라고 생각한다. 왜냐하면 대화를 이어가는 과정에서 상대로 인해 화가 끓어오르는 순간, 분노의 감정을 밖으로 드러내는 것은 화를 낸 사람에게도 마이너스로 작용하는 경우가 많기 때문이다."

피타고라스 정리로 잘 알려진 고대 그리스의 수학자이자 철학자인 피타고라스는 "분노는 무모함을 갖고 시작하여 후회를 갖고 끝난다"라고 말했다. 그의 말처럼, 감정은 앞뒤를 생각하지 않고 찾아온다. 이유야 어떻든 화가 나서 그만 버럭버럭 소리를 지른 경우, 결과는 후회하는 일밖에 없다는 뜻일 게다.

우선 "나는 이제부터 화내지 않겠다"고 선언하라

나는 어느 순간부터 화를 내지 않겠다고 결심했다. 무슨 일이 있어도 화를 내지 않겠다고 작심한 것이다. 극히 드물게 어떤 필요에 의해 화를 내는 경우도 있지만 그때도 화를 내야만 하는가, 내지 않으면 안 되는가를 먼저 생각한 후 결정한다.

그래서 실제로 아내가 나에 대해 화를 낼 때도 나는 똑같이 반응하지 않는다. 감정끼리 부딪치는 일은 하지 않기 위해 노력하는 것이다. 나는 근자에 아내에게 이렇게 선언했다.

"화를 내거나 내지 않는 것은 다른 누구도 아닌 내가 결정할 일이야. 나는 화내지 않기로 결정했어. 당신과 토론을 하는 것은 대환영이지만, 감정을 앞세워서 부딪친다면 어떤 것도 얻을 수 없기 때문이지."

아내도 나의 말을 이해했는지 그 선언 이후, 우리 부부는 거의 싸우지 않고 지낼 수 있게 되었다. 금연을 선언하고 나면 단순히 결심만 하고 있을 때와 달리, 조금 더 책임감을 갖게 되는 것처럼 '화내지 않겠다'는 결심을 선언으로 동기화시키고 나면 문제가 생겼을 때 되도록 대화로 풀어보려는 노력이 가능해지는 것이다.

누구든 상대의 가치관을 강요당하면 원만하게 지낼 수 없다. 그것은 부부이거나 가족이라고 해도 마찬가지다. "당신이 그런 남편이었으면 한다" "그런 아내였으면 한다" "그런 가정을 만들고 싶다"고 자신의 가치관을 상대에게 요구하게 되면 현실과 갭이 생기면서 오히려 분노나 싸움의 씨앗이 되기 쉽다.

이와 반대로 서로의 가치관을 조율해 가면서 새로운 부부 공통의 가치관을 만들어 가는 노력의 과정을 거치게 되면 갈등은 한결 줄어든다. 이런 노력 역시도 '화내지 않겠다'는 마음가짐에서만 가능한 일이라는 사실을 잊지 말아야 한다.

화를 잘 내는 사람과 좀처럼 화를 내지 않는 사람.
당신은 과연 어느 쪽일까?
화를 잘 내는 편이라면, 툭하면 화를 내는 자신이
문제라는 생각을 해 본 적이 있는가?
아니면 화를 내는지조차도 모르고 화를 내는 편인가?
그렇다면 한번쯤 이렇게 결심하고,
그 결심을 주변의 가까운 사람들에게 선언해 보라.

"나는 오늘부터 화를 내지 않고 살아 보겠어!"

감정에 빠지지 않겠다고 결심해 보자

나는 스스로 감정에 빠지지 않겠다고 결심했다. 같은 일을 겪으면서도 감정에 빠지는 사람과 그렇지 않은 사람이 있다. 또한 충격적인 일을 당한다 해서 모든 사람이 자기감정에 빠지는 것은 아니다. 화를 내거나 화를 내지 않는 것처럼 감정에 빠지거나 빠지지 않는 것도 자신이 선택할 수 있다. 스스로 감정에 빠지는 것을 선택한 사람은 빠질 수밖에 없고, 그렇지 않은 쪽을 선택한 사람은 상대적으로 자신의 감정에 대해 냉정해질 수 있는 것이다.

나는 감정에 빠지지 않는 쪽을 선택했기 때문에 대체로 냉정을 유지하며 산다. 인간은 다시 일어설 수 없을 정도의 큰 충격을 받으면 일순간 절망적인 감정에 휩싸일 수 있지만, 시간이 지나면서 차츰 원기를 회복한다. '모든 것은 시간이 해결해 준다'는 말도 그래서 생겨난 것이다.

사랑하는 부모와의 사별, 뜻하지 않은 자녀의 죽음, 변하지 않는 사랑을 맹세한 연인과의 이별, 목숨을 바쳐 투자한 사업의 실패 등 크나큰 충격을 받은 사람은 절망적인 감정에 빠질 수 있다. 하루하루가 눈물이며, 식사도 제대로 못하고, 기력과 체력도 고갈되어 마침내는 모든 힘과 의욕을 잃고 누워서 지내는 날이 계속된다.

그래도 인간은 이를 악물고 다시 일어나야겠다고 마음먹으면 반드시 어떤 어려운 상황도 극복할 수 있다. 회복하기까지 어느 정도의 시간이 필요할까? 개인에 따라 차이가 나겠지만, 그 시간은 짧을수록 좋지 않을까?

인생이라는 한정된 시간을 감정에 빠져 낭비하게 된다면 너무도 아깝다는 생각이 든다. 때문에 나는 감정에 빠지지 않겠다고 결심했다. 이를 위해 감정을 컨트롤하고 있다. 괴로워하고 괴로워하지 않는 것도 마찬가지다. 괴로워하는 것도 시간 낭비다. 때문에 나는 괴로워하지 않기로 결심했다.

당신도 그랬으면 좋겠다. 지금 당신이 겪고 있는 감정 때문에 휘청거리고 있다면 하루라도 빨리 냉정해지는 연습을 시작하자. 왜냐하면 어차피 그런 기분에서 벗어날 수 있게 해주는 것은 다른 누구도 아닌 당신 '자신'이며, 당신이 만들어갈 '시간'이기 때문이다.

다른 사람 탓으로 돌리는 일은 그만두자

모르는 것은 아니다. 절대 화내지 않고, 감정에 빠지지 않겠다고 결심해도 그것을 지켜내기란 쉬운 일이 아니라는 사실을 말이다. 그렇다고 해서 '어차피 되지 않을 일'로 여기고 미리 포기해 버리는 것은 금물이다. 그렇다면 결심한 것을 지켜내기 위한 방법들을 찾아가는 수밖에 없다.

피할 수 없는 어떤 일이 발생했을 때, 당신은 혹시 그 책임을 다른 사람 탓으로 돌리고 있지는 않은가? 그러나 실은 대부분의 책임은 바로 나에게 있다.

만약 차량 사고로 전철이 천천히 달려 약속 시간에 늦는다면 이는 누구의 책임일까? '그것은 당연히 철도 회사의 책임이지!'라고 생각할 수 있다. 차량 사고를 일으킨 책임은 확실히 철도 회사에 있다. 하지만 그 전철이 늦게 달릴 것을 예상하지 못하고 승차한 사람은 바로 당신이다. 당신은 "그놈의 전철 때문에 늦었다고…" 말하고 싶겠지만 결국 지각한 책임은 당신에게 있는 것이다.

문제가 발생하면 항상 남의 탓으로 돌리는 사람이 적지 않다. 이에 대해 한번 생각해 보기로 하자. 늘 불평불만을 일삼고 있는 사람이라면 결국 시간이 지나도 문제를 해결하지 못한다. 일어난 문제에 대해 '원인을 제공한 것은 내가 아니다'는 주장만 해서는 사태를 진전시키기 위한 새로운 발상이나 어떤 행동도 불가능하다.

물론 책임을 주위에 떠넘기거나 요구하는 일은 간단하다. 솔직하게 말하면 그러고 싶은 마음도 충분히 이해한다. 그러나 타인에게 책임을 요구한다고 문제가 해결되는 것은 아니다. 어떤 문제가 발생해도 깊이 생각해 보면 그건 내 책임이기 때문이다. 오늘부터 "이 것은 내 문제가 아니기 때문에 나와는 상관없어"라는 말은 삼가도록 하자.

술집에 앉아 있다 보면 취객 중에서 "오늘 업무 중에 불쾌한 일이 있었다" "울컥하게 만든 거래처가 있었다"는 등의 말을 하는 사람들을 종종 본다.

그러나 좀 더 깊이 생각해 보면 그에게 불쾌한 업무가 있었던 것이 아니라, 일하는 가운데 발생한 사건을 자신이 불쾌하게 받아들이고 있는 것이다. 또한 거래처의 행위에 대해서도 자신이 울컥한 심정을 느끼고 있는 것뿐이다.

세상에서 일어나는 모든 일이 기쁜 일인가 싫고 불쾌한 일인가는 모두 자신의 결정에 달려 있다. 자신을 지배하고 있는 것은 주위에서 일어나는 사건이 아니라 그것을 받아들이는 생각의 방법이다. 원래 사건에는 어떠한 의미도 없다. 거기에 의미를 부여하는 것은 바로 당신 자신이다.

인간은 매일 수십, 수백 번의 의사 결정을 반복하며 살아가기 때문에 인생은 모두 자신의 책임 안에 있다. 불쾌한가, 그렇지 않은가를 결정할 수 있는 것도 결국은 나 자신밖에 없다는 사실을 잊어서는 안 된다.

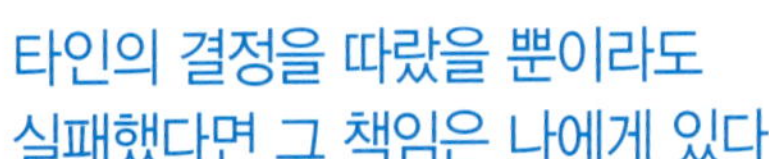

타인의 결정을 따랐을 뿐이라도
실패했다면 그 책임은 나에게 있다

내 인생을 돌이켜보면 다른 사람의 의견을 따른 적이 제법 많았다. 내가 다닌 고등학교는 특별히 가고 싶은 학교는 아니었지만 부모님의 권유에 의해 '괜찮겠지'라고 생각하며 지원했다. 고교 시절에도 딱히 하고 싶은 것은 없었지만, 누나로부터 "남자라면 기타를 한두 줄은 튕길 줄 알아야 되는 거 아냐?"라는 말을 듣고 음악을 하기 시작했다. 그것이 계기가 되어 고교 시절에는 포크 음악을, 대학에 들어가서는 록 밴드에서 활동했다.

취직을 할 당시에도 특별히 가고 싶은 회사나 하고 싶은 업무가 없었다. 처음 나를 발탁한 회사에 입사하는 것이 좋겠다고 생각했고, 그 생각대로 되었다. 그렇지만 영업 일을 하는 것이 싫어서 견딜 수가 없었다.

나는 전형적인 샐러리맨 가정에서 태어나고 자랐기 때문에 한번 입사한 회사에서 끝까지 일해야 한다는 생각을 갖고 있었다. 회사에 사표를 내야겠다는 생각은 애초부터 없었다. 영업은 싫었지만 회사를 그만둔다는 선택도 할 수 없었다. 그때 좋은 성적을 올려 세일즈맨에서 영업 매니저가 되어 사람들을 가르치는 입장이 되면 내 자신이 영업을 하지 않고도 직장 생활을 할 수 있다고 생각했다.

28세에 독립하여 창업을 했지만 그때도 무엇을 할까 미리 결정하고 회사를 그만둔 것이 아니라, 일단 사표부터 내고 말았다. 나보다 1년 전에 독립한 친구에게 그런 사실을 말하자 그가 "그럼 우리 함께 일해 볼까?"라는 제안을 해왔다. 나는 잠시 망설이다가 "알겠다"고 대답하고 친구 회사로 출근했다.

그런데 나는 회사를 그만두기 1개월 전쯤에 부하 직원에게 "실은 내가 회사를 그만두려고 한다"는 말을 정식으로 꺼낸 적이 있었다. 그때 내 말을 들었던 누군가가 "우리 회사 한번 만들어 함께 일해 보자"고 제안을 해 왔다. 나는 그것도 좋겠다고 생각하여 친구에게 사정 얘기를 하고, 창업을 했다.

그리고 그 후, 회사를 함께 경영했던 동료로부터 "이왕이면 회사를 상장하여 업계 넘버원이 되도록 힘써 보자. 회사를 합병하자"라는 말을 듣고 M&A를 결정했다. 그 후 주식 상장을 하자는 의견에 따라 결국 회사를 상장 회사로 만들었다.

이런 나의 지난날을 곰곰이 돌이켜보니 나는 내 자신이 스스로 새로운 배를 준비했다기보다는 항상 누군가가 몇 척의 배를 준비해 주었고, 눈앞에서 몇 개를 선택했다는 것을 알게 되었다. 물론 최후의 결정은 스스로 했지만 말이다. 그중에서 나에게 좋은 것만 선택한 셈이다.

이 글을 읽고 있는 독자들 중에도 나와 같은 경험을 가진 사람들이 있을 것이다. 하지만 그렇게 누군가의 결정을 따르고, 그 결정에 의해 움직였다고 해서 나의 시간들이 내 인생이 아닌 것은 아니다. 왜냐하면 누군가의 결정에 동조하고, 그것을 선택한 것은 바로 나 자신이기 때문이다. 게다가 나는 내가 선택한 일에 대해서는 최선을 다해 일했다. 그러므로 분명히 내 인생이다.

'잘되면 내 탓, 잘못 되면 남의 탓'이라는 말이 있다. 하지만 타인의 말에 따라 일을 했다고 해도 만약 실패를 했다면 그것은 당신의 책임이다. 왜냐하면 선택은 당신이 했기 때문이다. 이런 사실만 인정할 수 있다면 더 이상 누군가의 탓으로 돌리는 어리석은 마음은 줄일 수 있을 것이다.

적신호일 때는 건너가지 않는다

나는 길을 걷다가 빨간불이 켜져 있을 때는 절대 건너가지 않는다. 대부분의 사람들이 빨간불이 켜져 있어도 차가 오지 않으면 건너는 경우가 많다.

차가 거의 다니지 않는 시골 마을의 적신호, 심야의 정막이 감도는 도로의 적신호, 아무리 생각해도 신호기가 설치되어 있는 것이 이상하게 여겨지는 장소의 적신호. 이런 경우 대부분의 사람들은 빨간불이 켜져도 건너간다. 또는 빨간불이 꺼지기를 기다리고 있다가도 누군가 건너는 사람이 있으면 그를 따라 모두가 건너는 경우도 있다. 누군가 건넜기 때문에 '나도 상관없어'라고 생각하는 것이다.

만일 누군가를 따라 건넜다가 사고라도 당하게 된다면 그때도 당신은 이렇게 말할 참인가? "당신 때문에 사고가 났다"고 말이다.

49 : 51의 법칙

이 법칙은 마음속에서 일어나는 일들은 대체로 51 : 49 정도의 형편에서 승부가 난다는 뜻이다. 조직 내의 불상사, 개인의 부정이나 사건, 사고 등이 빈발하지만 처음부터 나쁜 생각을 갖고 일을 꾸민 사람은 드물 것이다. 불상사를 일으킨 사람도 처음부터 나쁜 마음이 100이고, 좋은 마음이 제로였던 것이 아닐 것이다. 아마 나쁜 마음 51, 좋은 마음 49의 기로에서 방황하다가 그런 결과를 내게 됐을 것이라고 추측해 본다.

인간에게 선을 추구하는 마음이 결여되면, 곧 나쁜 마음이 비집고 들어오게 된다. 인간은 약한 존재이기 때문에 항상 나쁜 마음이 들어오지 않도록 좋은 마음을 단련시킬 필요가 있다.

때문에 나는 '선'의 마음을 양육하는 훈련으로서 빨간불이 켜졌을 때는 건너지 않겠다고 결심한 것이다. 실은 여기에는 두 가지 이유가 더 있다.

그중 한 가지 이유는 아이들에게 모범을 보이고 싶기 때문이다. 아이들은 미래의 세상을 짊어지고 갈 사회의 중요 구성원이다. 어른들이 신호를 무시하는 모습을 보면 그것을 흉내 내어 빨간불일 때 차가 오지 않는다고 건너다가 사고를 당할 수 있기 때문이다. 또 다른 이유는 신호 정도는 확실하게 지키고 사는 여유 있는 인생을 보내고 싶기 때문이다.

'화를 내거나 화를 내지 않거나, 감정에 빠지거나 빠지지 않거나'라는 선택 앞에서 화를 내고, 감정에 빠지는 선택을 했더라도 처음부터 그 마음이 100%는 아니었을 것이다. 실제는 50 전후의 경계선에서 번민을 하다가 화내기 51%, 화내지 않기 49%의 감정이 되어 화를 냈을 것이다.

인간의 마음은 이처럼 미묘하기 짝이 없다. 나는 이 미미한 차이를 컨트롤하기 위해서도 자신을 훈련할 필요가 있다고 생각한다. 여유 있게, 규칙을 지키면서, 화내지 않고… 이렇게 사는 일이 어렵기는 해도 차차 비율을 늘려가 보자. 49%에서 50%로, 다시 51%로… 이렇게 하다 보면 어느 순간, 전보다 한결 여유롭게 웃고 있는 자신을 만나게 될 날이 있을 테니 말이다.

세상 모든 일에는 100% 완벽이란 없다.

손가락질 받을 만한 불상사를 일으킨 사람이라고 해도

100%의 나쁜 의도만 있었던 것은 아니었을 테니까.

다만 나쁜 마음이 좋은 마음보다 조금 더 컸을 수는 있다.

화를 내고 아니고의 해답 역시 바로 여기에 있다.

100% 완벽하게 화를 내지 않을 수는 없다.

그러므로 화내는 일들을 조금씩 줄여가는 것,

바로 그 실천이 중요하다.

이것이 바로 49 : 51의 법칙을 실천하는 일이다.

오늘 하루를 살아낸 당신 자신에게 물어보라.

나는 오늘 화내지 않고 참았던 일이 더 많았을까? 아니면 화를 내고 말았던 순간이 더 많았을까?

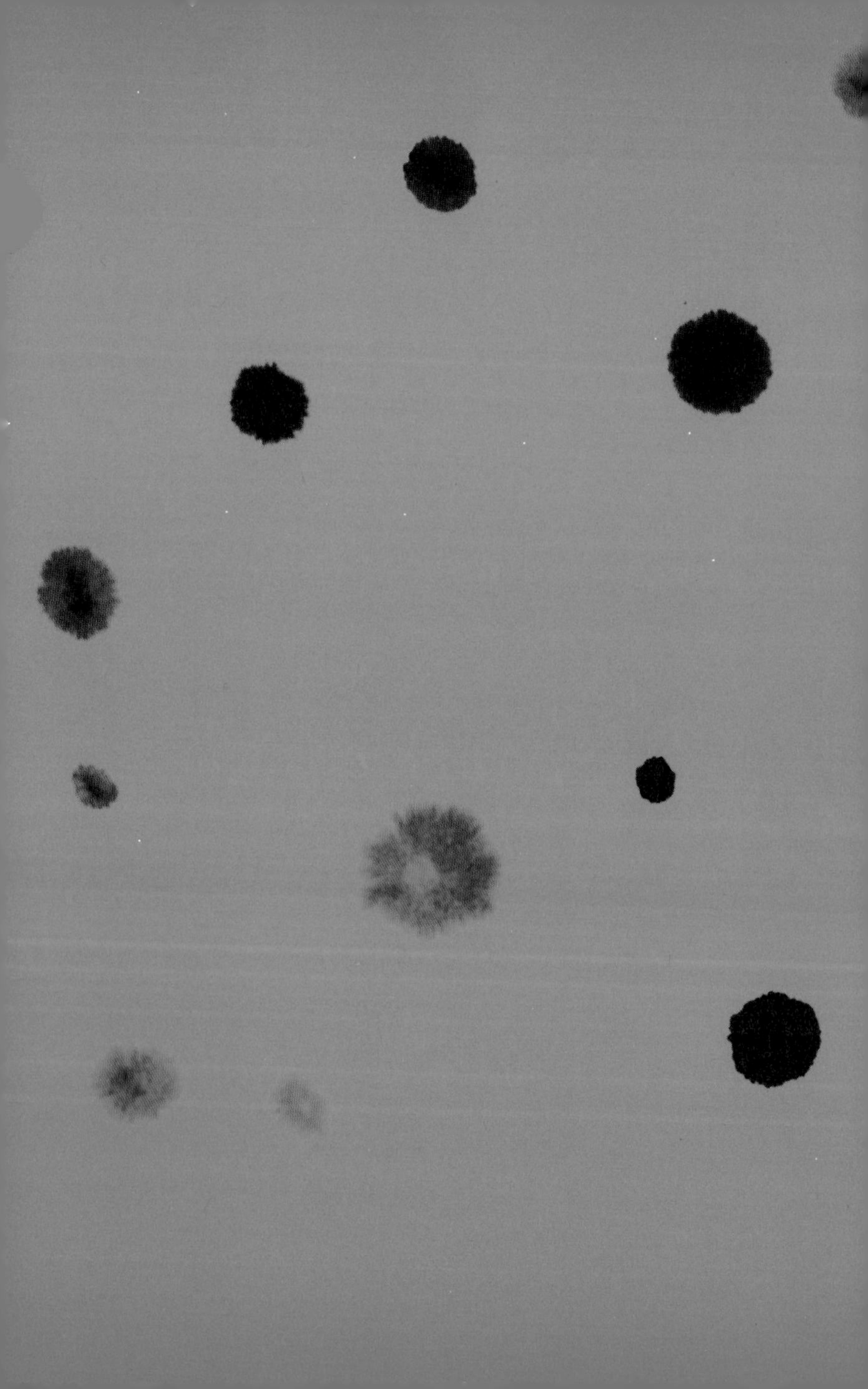

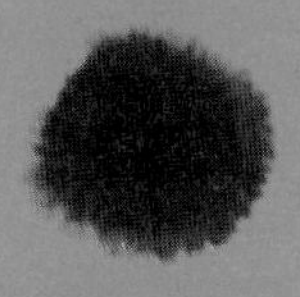

Part 4

'언제나 기분 좋은 나'가 되는 생활 속 훈련

버럭버럭하지 않게 만드는 25가지 습관

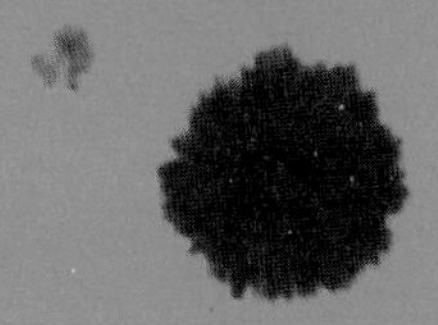

화를 내는 순간이란 대부분,

정신적으로 여유가 없는 경우가 많다.

마음속에 스트레스가 쌓이면

대수롭지 않는 일에도 화를 내게 되는 까닭이다.

컵에 물이 가득 담겨 있을 때에는

동전 한 개만 넣어도 넘쳐흐르기 마련이다.

감정도 이와 마찬가지다.

화내지 않기 위해서는 되도록

스트레스를 쌓아두지 않는 습관을 들여보자.

그렇다면 스트레스를 없애고, 화내지 않게 만들어주는 무슨 특별한 비법이 없을까?

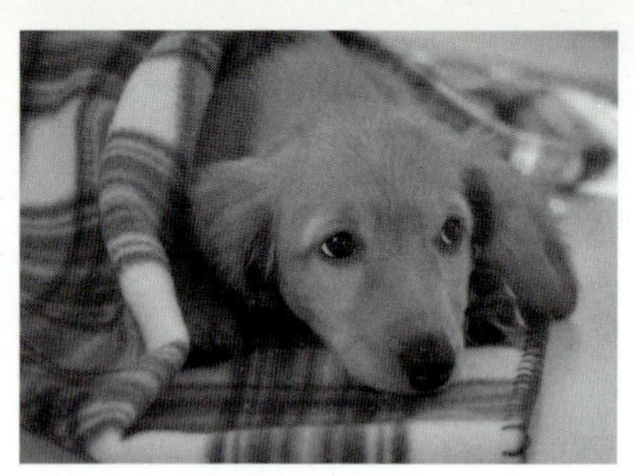

이럴 수도 없고, 저럴 수도 없고… 도무지 갈피를 잡을 수가 없다면 결론을 내지 말고 기다려라

나의 경우, 갈피를 잡을 수 없고 혼돈스러운 일이 생겼을 때는 결단을 내리지 않고 기다린다. 정말 중요한 일이라면 애써 무리하게 결정을 하지 않아도 '맞아 그거야!'라고 결단을 내릴 수 있게 되는 순간이 찾아오는 까닭이다. 왜냐하면 도무지 갈피를 잡을 수 없다는 것은 불안이나 초조 등 뭔가 이유가 있기 때문이다.

그 순간에 내리는 결정이란 대부분 실패 확률이 높다. 정말 중요한 일이라면 결국에는 결론을 낼 수밖에 없는 자연스러운 순간이 반드시 찾아온다. 그러므로 머릿속이 복잡하고 혼돈스러울 때는 안달복달하지 말고 자연스럽게 그 순간을 기다려보자. 그렇게 하면 불가사의하게도 반드시 '맞아, 그거야'라고 생각되는 순간이 찾아올 것이다.

거기에는 그렇게 될 수밖에 없는 이유가 있다. 사람은 자신이 이미 지화한 일의 가치를 높이 평가하게 되면 그때서야 비로소 움직이는 습성이 있다. 여기에서 말하는 이미지는 '골(Goal)' 이미지와 '프로세스(Process)' 이미지로 나눌 수 있다. '이렇게 되면 좋겠어' '결국 이렇게 될 거야'라고 그려보게 되는 골 이미지와 그것에 당도하기까지 '우선 이렇게 하자' '다음에는 이렇게 하자'라고 생각하는 프로세스 이미지가 바로 그것이다. 그러므로 그 두 가지 중 하나라도 어느 정도 머릿속에 그려져야만 자연스럽게 결론을 낼 수 있는 것이다. 그러므로 이래야 할지, 저래야 할지, 도무지 감이 잡히지 않고 혼란을 느낄 때는 차라리 마음을 비우고 기다리는 편이 낫다. 이것을 항상 머릿속에 새겨둔 채 차근차근 정보를 수집하면서 최종적으로 '맞아 그거야'라는 생각이 들면 그때 결정을 해도 늦지 않다.

스스로가 인정하는 나의 결점을 활용한다

누구에게나 결점은 있게 마련이다. 바로 그 결점 때문에 대부분의 사람들이 안절부절못하게 되는 것이다. 그렇다면 관점을 바꿔서 오히려 자신의 그 결점을 이용해 보는 것도 방법이다. 이렇게 하면 오히려 안달복달이 줄어들고, 화를 내지 않고도 지낼 수 있다.

예를 들어 나는 일을 한 번에 추진시키는 능력이 없다. 여러 가지 프로젝트를 동시에 진행하면 크게 스트레스를 받는다. 마음에 스트레스가 가득 차면 작은 일에도 감정이 자극을 받아 참았던 화가 분출된다.

그래서 나만의 해결 방법을 찾았다. 그것은 되도록 하나의 프로젝트에 집중하는 것이다. 스트레스를 받지 않고 집중력이 높아지기 때문에 자연스럽게 일도 좋은 방향으로 진행된다. 일에 철저해질수록 두꺼운 암반도 뚫을 수 있을 정도의 강력한 힘이 발휘되는 까닭이다. 하나의 일에 집중하지 못하고 이것저것 손을 대면 오히려 안절부절못하고 집중력이 분산되어 최상의 성과를 얻을 수 없다.

어떤 일에든 항상 최악의 사태를 염두에 두자

나는 겁쟁이인 데다 소심한 사람이다. 겁이 많고 소심하다는 것은 물론 단점이다. 그렇지만 소심하기 때문에 오히려 꼼꼼히 생각하고 일에 몰두한다. 나는 무엇이든 일을 시작하려고 할 때마다 '혹시 이런 사고가 일어난다면 어떻게 하지?' '이런 위험은 없을까?'라고 미리 생각해 둔다.

세상에는 두 가지 스타일의 사람이 있다. '생각하면서 움직이는 사람'과 '움직이면서 생각하는 사람'이 바로 그것인데 나는 전자에 해당하는 셈이다. 깊이 생각하면서 일에 몰두하는 타입이다. 꼼꼼히 생각하고 또 생각한 뒤에 실행에 옮기는 그런 유형 말이다.

아무리 호언장담하는 일이라고 해도 막상 뚜껑을 열어놓고 보면 위험이 발생하는 경우가 있다. 이에 대비해 미리미리 대처법을 염두에 두고 실행에 옮기면 비교적 마음의 여유를 가질 수 있다. 이렇게 하면 최악의 사태에 직면해도 피해를 최소화할 수 있고, 회복시킬 수 있는 가능성도 보인다.

'최악을 생각하여 최고를 이룬다.'

나는 이 말을 다이어리에 적어놓고 있다. '타리즈 커피'의 창업자인 마쓰다 고우타 씨는 그의 저서 「모든 것은 한 잔의 커피에서」를 통해 매장 1호점을 오픈할 당시 위기관리에 대한 흥미 있는 대처법을 소개했다.

마쓰다 씨는 타리즈 커피 1호점을 긴자에서도 최고의 위치에 오픈하기 위해 7천만 엔의 돈을 빌려야 했다. 그때 그가 생각한 것은 '만약 일이 실패하여 7천만 엔의 부채를 떠안게 된다면 어떻게 반환할까?'였다.

그가 생각한 방법은 독특했다. 시급 8백50엔으로 편의점 아르바이트를 하루 15시간씩, 주말 하루를 쉬면 월수입이 33만~34만 엔. 이것을 아내의 수입과 합하면 한 달에 40만 엔은 갚을 수 있다. 거기까지 위기관리에 대한 생각을 했을 때 그의 마음속에서 '됐어. 그쯤이야!'라는 생각이 들어 오픈을 감행했다고 한다. 이처럼 최악의 케이스를 생각한다는 것은 미리 마이너스 골을 설정하고, 사태를 리얼하게 이미지화하는 것이다.

나 역시 새로운 사업을 시작할 때 부정적인 정보를 많이 수집한다. '이런 일이 일어난다면 한 번에 끝장이다' '이런 상황에 처하면 더 이상은 없다' 등을 생각해 보는 것이다. 부정적인 정보를 접한 후, 그래도 '이 정도면 괜찮다'라는 생각이 들면 그때 일을 시작한다.

나는 공부도 겸해 주식 투자를 조금씩 해 왔는데 그때도 이와 같은 생각을 갖고 있었다. 어떤 주식도 20%가 내려가면 망설이지 않고 팔기로 결정했다. 그 주식에 5백만 엔을 투자했든, 1천만 엔을 투자했든 20%가 떨어지면 '됐다 여기까지!'라고 외치는 것이다.

이 방법이 좋은 것은 주식 시세가 떨어져도 최악으로 얼마를 손해 보는지 한눈에 알 수 있다는 점이다. 그 점을 알고 있기 때문에 '실패해도 이쯤이야'라는 생각이 들 때면 대담한 투자를 감행한다.

만약 최악으로 얼마를 손해 보는지 알 수 없는 상황이라면 '대체 얼마를 손해 보게 되는 거야?'라는 불안감 때문에 주식을 시작할 수 없었을지도 모른다. 또한 최악의 케이스를 설정해 두지 않으면, 갖고 있는 주식이 떨어진다 해도 '조금만 기다리면 다시 올라갈 텐데'라는 기대감으로 결국은 더 큰 손해를 볼 수도 있다.

최악의 케이스를 생각해 두는 리스크 관리는 대담한 행동을 할 수 있게 하고, 냉철한 판단을 할 수 있는 근거가 되어주기도 한다. 최악을 낮게 설정하면 평균적으로 결과는 성장 그래프로 나타난다(도표 참조).

최고의 상황과 최저의 상황이 반복된다면 결코 좋은 성과를 거두기 어렵다. 나는 나만의 위기관리 대책으로 최악의 상황을 낮게 설정한 덕분에 상승 인생을 걷고 있는지도 모른다.

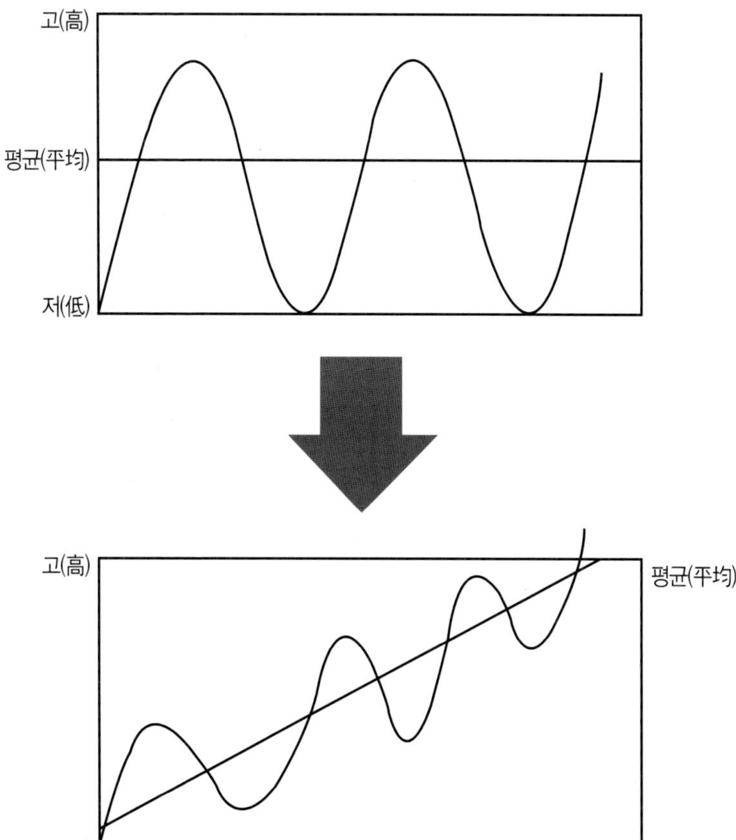

고(高)
평균(平均)
저(低)
고(高)
평균(平均)
저(低)

외출 전 체크 리스트를 만든다

짐 도노번이 지은 「누구에게나 가능한 일이지만 불과 몇 사람밖에 실행할 수 없는 성공 법칙」이란 책에는 이런 구절이 있다.

"휴가에 맞춰 여행을 가려고 한다. 비행기 티켓을 사기 위해 참을성 있게 줄을 서 있다가 자신의 차례가 오면, 무거운 슈트케이스를 바닥에 내려놓고 직원에게 '여행을 가고 싶은데 어디라도 좋으니 티켓을 끊어 달라'고 말할 수 있을까?

물론 그런 일은 불가능할 것이다. 모르기는 해도 몇 개월에 걸쳐 여행 준비를 하게 될 것이다. 가족과 상담하여 여행지를 정하고, 스케줄을 짜고 교통수단이나 숙식처를 알아보면서 여행지에 대한 정보도 여기저기서 수집할 것이다. 그리고 여행지에 있을 자신의 모습을 그려보며 출발 날짜를 손꼽아 기다릴 것이다. (중략) 여행 계획에는 그처럼 에너지를 쏟을 수 있으면서, 왜 자신의 인생은 우연에만 맡겨두고 있는가? 대부분의 사람들이 무엇을 하고 싶은지, 어디

로 갈까도 모르는 채 무심히 하루를 보내버린다. 인생의 계획보다
도 여행 계획에 무한한 에너지를 쏟아 붓고 있는 것이다. 그것은 슬
픈 일이지만 어쩔 수 없는 사실이다."

그가 지적한 말처럼, 준비는 매우 중요하다. 꼼꼼하게 준비를 해놓
으면 훗날 후회를 하며 안절부절못하게 되는 일은 없을 것이다. 대
체로 계획이란 최종적인 골을 향해, 그 방법이나 수순을 정하는 작
업이기 때문이다.

예를 들어 후지산에 오르는 경우를 생각해 보자. 후지 산에 오른다
는 목표는 같아도 어느 곳에서부터 오르는가는 다름 아닌 바로 자
신이 결정한다. 왜냐하면 그만큼 다양한 경로가 있기 때문이다. 산
기슭에서부터 걸어 올라갈 수도 있고, 중간까지는 자동차로 갈 수
도 있다. 만약 산에 오르는 이미지가 떠오르지 않는다면 다른 방법
으로 등산 계획을 짜서 새로운 이미지를 만들어보는 것도 좋다.

후지 산에 오르는 것과 쓰쿠바 산에 오르는 것 그리고 에베레스트

산에 오르는 것은 준비하는 과정도 다르고, 준비에 걸리는 시간도 다를 것이다. 에베레스트 산에 오르기 위해서는 쓰쿠바 산과는 비교할 수 없을 정도의 많은 준비를 해야만 한다. 에베레스트 산에 제대로 오르기 위해서는 목표 달성까지의 방법을 순서 있게 정하고, 무엇을 처음으로 할까를 결정하는 것이 반드시 필요하다. 이것이 바로 '성공 계획'을 세우는 요령이다.

그러므로 계획을 세우는 데는 우선 '꼭 해야 할 것들'을 정하고 그 다음 그것을 정리해서 순서를 세우는 두 가지 작업이 반드시 선행되어야 한다.

남성들 중에는 출장이나 여행 준비를 본인이 하는 사람과 아내에게 맡기는 두 가지 타입이 있다. 나는 스스로 하는 쪽이다. 왜냐하면 아내에게 맡겼다가 여행지에 가서 빠진 물건을 발견하거나 내가 원하는 것이 아닌 다른 것이 들어 있을 경우, 화가 나지만 아내에게 짜증을 부릴 수도 없기 때문이다.

그렇다면 기분 좋게 여행을 떠나서, 즐거운 마음으로 집에 돌아오기 위해서는 어떻게 하는 것이 좋을까? 이 물음에 대한 결론은 여행 준비를 가족에게 맡기는 것이 아니라 본인이 직접 하는 것이다. 물론, 아내에게 여행 준비를 시키는 사람은 몇 가지 빠진 물건이 있거나 자신이 원하는 것이 아닌 다른 것이 들어 있어도 크게 신경 쓰지 않는 너그러운 타입일 수도 있다. 그러나 나는 내 자신이 깐깐한 성격이라는 것을 잘 알고 있기 때문에 여행 준비는 내가 직접 한다. 여행지에 가서 기분 좋게 지낼 수 있고, 아내에게 화를 내고 싶은 일도 없어지기 때문이다.

바로 이런 마음가짐으로 외출을 위해서도 체크 리스트를 준비해 두는 것이 좋다. 여기에서 말하는 준비란 지참할 물건을 '매트릭스표'로 만들어 보는 것. 달력처럼 만들어서 잘 보이는 곳에 붙여 놓는다. 가로 줄에는 '평상시의 외출' '출근' '헬스 클럽' 등 나가는 장소를 적어놓는다. 세로 줄에는 가방, 전자수첩, 휴대전화, 손수건 등 준비물을 적어놓는다. 그리고 교차하는 곳에 동그라미를 표시해 준비물을 확인한다. 가령 회사에 갈 때는 표의 출근 난을 세로로 보고, 손수건이나 전자수첩, 휴대전화 등을 가방에 넣었는지 확인한다.

물론 '얼마나 바쁜 세상인데 그런 것을 일일이 다 만들 수 있지?'라고 생각하는 사람도 있을 수 있다. 하지만 내가 이렇게까지 하는 이유는 챙기지 못한 물건이 있으면 맡은 일에 최선을 다할 수 없기 때문이다. 그렇게 되면 하루 종일 안절부절못하게 되고, 스트레스만 받게 될 것이다. 이를 방지하기 위해서라도 준비를 철저히 하는 것은 기본이다.

그러므로 '나는 도저히 그렇게까지는 못 하겠어!'라는 생각이 든다면 자신만의 메모장을 활용해서라도 중요한 외출에 대비하여 체크리스트 정도는 만들어 보기를 권한다.

나의 레벨에 맞춘 삶을 찾고, 그 속에서 즐기듯 산다

나는 스스로에 대한 자신감이 없다. 내가 이런 말을 하면 사람들은 "절대 그렇게 보이지 않는다"고 답한다. 하지만 사실이다. 소심하고 항상 자신감을 갖지 못하고 강연회나 세미나도 아직까지도 두려운 마음으로 하고 있다. 어떻게 하면 자신감을 가질 수 있을지 늘 생각해 보지만, 자신감이 없기는 매한가지다. 나는 스스로도 이런 성격을 잘 알고 있기 때문에 항상 나에게 맞는 스타일로 일을 진행시켜 왔다.

대부분의 경우 안간힘을 쓰면 위축되기 쉽고, 능력을 완전히 발휘할 수 없게 된다. 그리고 머릿속은 스트레스로 꽉 차 있을 것이다. 그래서 나는 일류 고등학교에 입학해서 따라가지 못하는 것보다 그 다음 순위의 학교에 가서 상위권 집단에 있는 것이 좋다고 생각한다. 지금까지의 나 자신을 돌아봐도 그 생각에는 변함이 없다. 상위 집단의 하위에 머물러 있으면서 '나는 불가능하다'고 비관하고 매일 스트레스에 쌓여 지내기보다는, 조금 아래 순위의 집단에서 높은 위치에 있을 수 있는 환경을 택해 '나도 하면 할 수 있구나'라고 생각하고 지내는 것이 훨씬 합리적이다.

매일 '나는 안 된다'고 생각하고 지내기보다는 '나는 할 수 있다'라고 생각하고 지내는 것이 미래에도 큰 영향을 미친다. 나는 자신감이 없기 때문에 큰 무리를 하지 않는 터라, 불필요한 스트레스를 별로 받지 않고 살아왔다. 내가 만약 취직할 때 뭔가 착각하여 일류 기업에 입사하여, 명문대를 나온 사람들에게 둘러싸인 채 '나는 안 된다, 안 된다'라고 생각하며 매일을 보냈다면 지금의 나는 없었을 것이다.

생활도 마찬가지였다. 지금은 다행히 경제적으로 여유가 있어 그에 맞는 집에서 살고 있지만 입사 1년경에는 월세 3만8천 엔짜리 욕실도 없는 아파트에서 살았다. 나는 경제적으로 어려운데 있는 척을 하느라 좋은 집에서 사는 것도, 반대로 경제적 여유가 있는 데도 필요 이상으로 검소하여 작은 집에서 사는 것도 찬성하지 않는다. 나의 현재 레벨에 맞춘 삶. 그것이 최적이라고 생각한다.

그렇게 나는 언제나 현재의 레벨에 맞춰 살아왔다. 가령 월급이 2백만원인 사람이 월세 1백50만원의 아파트에서 살고 있다면, 이는 분명 자신의 처지에 맞지 않은 일이다. 돈을 빌려 고급 명품을 구입하고, 외제 승용차를 타고 다니는 것도 이와 마찬가지다. 월급의 대부분을 가계 부채나 할부를 갚는 데 쓰게 되면 '식비는 어떻게 충당하지?' '친구와 여행을 갈 수도 없네' '월말에는 잔고가 거의 없겠네' 등의 생각으로 안절부절못하는 상황이 될 수밖에 없다.

내가 생각하는 나의 장점이란 나 자신을 객관적으로 볼 수 있다는 것이다. 내면에서 끓어오르는 감정이나 생각에 대해 비교적 객관적인 판단을 내릴 수 있다. 나라면 월급이 2백만원밖에 되지 않는다면 월세 1백50만원의 집에 사는 일은 하지 않을 것이다.

기억해 두길 바란다. 자신에게 어울리는 허영은 미래가 있지만, 자신에게 맞지 않는 허영은 미래가 없다는 것을 말이다.

목표는 되도록 낮게 정한다

나는 매사에 자신감이 없는 이유에 대해 스스로 생각해 본 적이 있다. 되돌아보니 내가 세웠던 목표를 하나하나 충실히 달성하지 못하는 자신을 깨달았기 때문이다. 나는 고교 시험도 제1지망 학교에 떨어졌다. 하는 수 없이 별로 가고 싶지 않은 사립 고등학교에 갔다. 당시는 도쿄의 일부 유명 사립학교를 제외하고 대부분의 사립학교는 저평가되던 시대였다. 특히 지방에서는 그런 경향이 더욱 강했다. 우수한 학생들은 현에서 세운 고등학교에 가고, 그렇지 않은 학생들이 사립학교에 갔다.

대학도 마찬가지다. 나는 중학교 시절, 누나의 친구인 게이오대 학생의 지도에 따라 공부했던 적이 있기 때문에 나도 게이오대 학생이 되는 꿈을 갖고 있었다. 그러나 결국 게이오대학에 진학하지 못했다. 취직도 마찬가지다. 대학 시절 밴드 활동을 했기 때문에 음악이나 매스컴 분야에서 일하겠다고 막연히 생각해 왔는데, 아무래도 경쟁이 너무 치열할 것 같아 처음부터 포기하고 말았다. 어쨌든 나는 목표를 거의 이루지 못하고 지내온 셈이다. 그런 생각 때문에 나는 항상 평정심을 잃고 초조하고 불안해했다. 그러는 사이 목표 달성에 대한 콤플렉스를 갖고 자신감을 잃게 된 것이다.

그런데 대학을 졸업하고 사회생활을 할 무렵. 어느 순간부터 목표를 정하고, 일에 매진하여 성취감을 느끼고 싶다는 생각이 들었다.

그래서 나는 가능한 한 목표를 낮게 세웠다. 가령 벗어놓은 신발은 가지런히 정리하고, 신문을 읽은 후엔 제자리에 갖다 놓기 등이었다. 조금만 노력하면 곧 실천할 수 있는 목표를 설정하고, 그것을 습관화했다.

뇌신경 전문가인 쓰키야마 다카시 씨는 자신의 저서에서 이렇게 서술했다.

"방을 정리하거나 집 안의 고장 난 물건들을 수리해도 상관없다. 자신의 주변에 있는 소소하고 귀찮은 문제를 매일 조금씩 해결해 가는 것이다. 누군가는 그런 잡다한 일을 하기보다 좀 더 수준 높은 일을 하고 싶다고 생각할 수도 있다. 하지만 그런 종류의 일은 뇌의 힘을 상승시켜 주는 역할을 한다.

전두엽에서 계속해서 지령을 내리는 힘이 떨어지면 중요한 문제에 몰두하고 싶어도, 도중에 귀찮게 여겨지고 고통을 이겨낼 수 없어 결국 포기하고 만다. 그러고는 아무것도 하지 않는 생활로 돌아가게 된다. 이런 생활을 반복하는 사람이 아마 적지 않을 것이다.

잡다한 일거리들을 매일 적극적으로 해결해 나가면 그만큼 귀찮은 느낌도 없어지게 된다. 동시에 안달복달하는 마음도 많이 진정될 것이다. 이는 뇌 안에서 감정계(感情系)에 대해 사고계(思考系)의 지배력이 강화된다는 의미다. 그 다음엔 좀 더 귀찮고 곤란한 문제에 몰두하면 좋다. 이런 방법으로 뇌력을 올리는 것에서부터 시작하면 무리 없이 문제를 해결해 가는 능력이 상승된다."

그의 말처럼, 갑작스럽게 너무 높은 이상을 세우거나 자신이 실천하기 어려운 습관을 들이려고 생각하지 말고, 작은 습관을 들이는 것에서부터 시작하는 좋다.

내 친구 중에는 〈벗은 구두는 항상 가지런히 놓고, 상의는 벗어서 꼭 옷걸이에 걸어놓고, 신문을 읽는 것〉 이 3가지 목표를 정해 놓고 실천하는 사람이 있다. 이 세 가지는 쉽게 실천할 수 있었기 때문에 자신감을 가질 수 있게 되었다. 1단계 계획이 성공한 뒤 그는 두 번째 목표를 세웠다. 그것은 〈휴식 시간을 유용하게 사용하자〉는 것이었다. 대체로 회사에서 휴식 시간은 동료와 잡담을 하거나 만화를 보면서 보내는 경우가 많은 편. 그 시간에 그는 영어 공부를 시작했고, 그 결과 몇 해가 지나서는 영어 회화에서 꽤 수준급 실력을 자랑할 수 있게 되었다. 그렇게 차근차근, 실현 가능한 목표를 세우고 하나씩 달성해 가던 그는 결국 회사의 대표이사 자리에까지 오르게 되었다.

목표 달성 라인을 낮게 잡으면 조금만 노력해도 실천 가능하기 때문에 항상 성취감을 느낄 수 있다. 뿐만 아니라, 그것이 좋은 습관으로 반복되면 더 높은 목표가 나타나도 조금만 노력하면 할 수 있다는 자신감을 갖게 된다. 물론 높은 목표를 세우고 이를 향해 한 걸음 한 걸음 나가는 것도 나쁘지는 않을 것이다. 하지만 그것이 실현 불가능한, 단순히 목표 그 자체만을 위한 허울 좋은 목표라면 아무 소용이 없다. 그러므로 내가 권하는 것은 '의지는 높게, 목표는 자신에게 맞게'다. 자신에게 맞게 목표를 세운다면 화를 내고, 초조해하고, 안달복달하는 일도 없어질 것이다.

혼자서도 얼마든지 승리할 수 있는 나만의 지점을 탐색한다

나는 '심술꾸러기' 같은 사람이다. 일부러 타인이 하는 말을 거슬러 옹고집을 부리는 일이 많다. 아내는 이런 나를 두고 '청개구리'라고 부른다. "당신은 사람들이 오른쪽으로 가자고 하면 왼쪽으로 가고 싶다고 하고, 왼쪽으로 가자고 하면 오른쪽으로 가자고 한다. 나는 당신 같은 심술꾸러기는 본 적이 없다"라고 말하면서 두 팔을 휘휘 내젓는다.

나는 일을 하는 데 있어서도 주위에서 이렇게 하자고 하면 저렇게 하고, A의 방법을 취하면 B의 방법으로 하는 등 항상 타인과는 다르게 일해 온 편이다. 그렇다면 나는 왜 이렇게 청개구리 같은 사람이 됐을까?

그 이유는 스트레스에서 해방되고 싶었기 때문이다. 남과 같은 방향으로 가고, 같은 방법으로 일하면, 항상 똑같은 씨름판에서 승부를 겨루는 셈이 되므로 결과에서 주위 사람과의 차이가 확연하게 드러난다. 나는 그 차이에 대해 항상 '왜 그 사람은 되는데, 나는 안 되지? 근사하게 보이고 싶어도 도무지 그럴 수가 없잖아'라는 생각에 스트레스를 많이 받아 왔다. 그 때문에 청개구리 심보가 생겼고, 타인과는 다른 방법으로 해보고 싶다는 마음을 갖게 되었다. 이를테면 나만의 씨름판을 만든 것이다. 그곳에는 경쟁 상대가 없기 때문에 불필요한 스트레스를 받는 일도 없었다.

솔직하게 말하면 나는 자신이 없었던 것이다. 그래서 스스로 자신감을 가질 수 있는 환경에 나 자신을 놓아주었던 것이다. 일에서도, 인생에서도 항상 승리할 수 있는 독자적인 마켓을 찾아온 셈이다. 많은 사람들이 이미 일하고 있는 곳에 뛰어들면 너무도 많은 경쟁 상대를 만나게 되고, 나보다 우수한 사람도 많기 때문에 도저히 승리할 수가 없었다. 그래서 나는 스스로 우월감을 가질 수 있는 장소, 자신감을 가질 수 있는 장소를 청개구리 정신을 갖고 찾아다녔다.

나만의 새로운 씨름판을 만드니 경쟁에 휩쓸리는 일도 없었다. 그리고 '이런 일을 하는 사람은 나밖에 없구나' 하는 자신감도 생겼다. 나에게 청개구리 정신이 없었더라면 혼자서도 얼마든지 이길 수 있는 나만의 장소를 탐색하는 일은 불가능했을지도 모른다.

FRI 9

주변을 되도록 깨끗하게 정리해 놓는다

화를 내지 않고 살기 위해서는 자기 자신을 정확히 알고, 그것을 이용하는 것도 중요하다. 가령, 깔끔한 성격의 샐러리맨이라면 그날 꼭 해야만 하는 일들은 눈에 쉽게 띄는 곳에 둔다. 작성해야 하는 서류, 처리해야 할 의뢰서 등은 책상 위 가장 잘 보이는 곳에 둔다. 전자수첩이나 다이어리에는 오늘 해야 하는 일, 가까운 시간 안에 마쳐야 하는 일 등을 모두 기록해 놓는다. 이렇게 하면 해야 할 일들을 한눈에 파악할 수 있다.

나는 조금 예민한 성격이라 일이든, 물건이든, 언제 어디서나 정리가 잘 되어 있지 않으면 화가 난다. 책상 위를 깨끗하게 만들고, 전자수첩에 적어 놓은 것을 하나씩 없애기 위해서는 정리해 나가는 방법밖에 없다. 나는 내 성격을 잘 알고 있기에, 그에 맞게 책상이든 수첩이든 말끔하게 정리되어 있도록 신경을 써왔다. 이를 테면 마음이 편안해지기 위해 '치우지 않으면 안 되는 상황'으로 나를 몰고 간 것이다.

물론, 성격에 따라서는 치우는 일 자체가 스트레스인 경우도 있고, 어질러져 있어도 전혀 스트레스를 받지 않을 수도 있겠지만 그렇다고 해도 주변을 정리하는 습관을 길러보자. 이렇게 해보면 지금까지와는 전혀 다른 즐거움과 만족감을 얻을 수도 있다는 것을 깨닫게 될 것이다.

이상주의나 완벽주의는 그만두자

직장 일이든 집안일이든 완벽하게 해놓지 않으면 직성이 풀리지 않는 사람도 있다. 어느 경우든 100% 달성을 해야만 마음을 놓는 것이다. 그러나 타인 때문에 볼일이 생기기도 하고, 몸 상태가 안 좋거나 시간에 쫓기고, 기력이 떨어진다면 그 100%를 달성하는 일이 힘들어진다. 보통 사람들이라면 몇 퍼센트나 달성했다고 생각할 수 있지만, 완벽주의자들의 경우에는 몇 퍼센트밖에 달성하지 못했다고 생각하기 십상이다. 그래서 늘 자신에게 화가 나고, 안달복달하게 되는 것이다.

맡은 일을 완벽하게 해낸다는 것은 기쁨이지만 그렇다고 해도 완벽을 지향하는 것은 삼가는 것이 좋다. 모든 일에 완벽을 목표로 하다 보면 자신도 고달프고, 옆 사람에게도 마찬가지의 스트레스를 줄 수 있기 때문이다.

나도 직장에서 상사로 있을 때 '누구에게나 이상형인 상사의 모습'을 목표로 했던 적이 있었다. 그러나 최선을 다할수록 상사로서의 내 모습과 개인으로서의 내 모습에 차이가 많이 나는 것을 느꼈다. 나 자신과 동떨어진 '이상형'의 상사를 추구해 가는 것은 괴롭고 힘든 일이었다. 결국은 너무 무리하지 않는 범위 내에서 본래의 모습대로 부하 직원을 대하는 것이 좋다는 것을 깨달았다.

'최고의 나'를 만드는 것은 좋지만 그렇게 되기 위해서 매사에 피로 감을 느끼고 스트레스를 받아야 한다면 그것은 피해야 할 1순위의 덕목이 된다. 언제나 내가 할 수 있는 만큼만 전진하는 습관, 그리고 그것에 만족하며 스스로에게 용기를 주는 습관을 가져보자.

문제 소유의 원칙

누구의 문제인가를
명확히 하기 위해 알아둘 것.

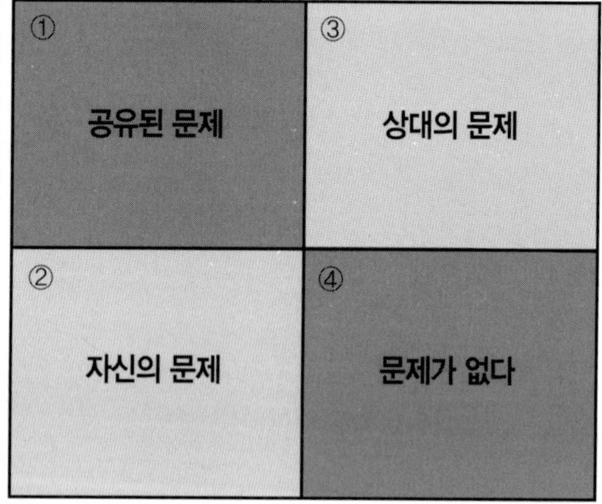
내 문제라고 생각한다
내 문제라고 생각하지 않는다
상대가 자신의 문제라고 생각한다
상대가 자신의 문제라고 생각하지 않는다
① 공유된 문제
③ 상대의 문제
② 자신의 문제
④ 문제가 없다

나의 문제인가, 상대의 문제인가를 확실히 해두자

문제가 발생하면 안절부절못하고 버럭버럭 화부터 내는 사람들이 많다. 그때 이 문제가 누구 때문에 생긴 것인지를 명확하게 해놓는 일이 필요하다. 때로는 타인의 문제로 인해 버럭버럭할 수도 있기 때문이다. 자신의 문제가 아니라, 상대의 문제라면 당신이 버럭버럭할 이유가 없다.

왼쪽의 그림을 보면 4종류의 유형이 있음을 알 수 있다.

누구의 문제인가를 알기 위해 그림에 명시된 내용들을 구체적으로 알아본다.

❶ 당신도, 상대도 똑같이 자신의 문제라고 생각한다.

❷ 당신은 자신의 문제라고 생각하지만, 상대는 자신의 문제라고 생각하지 않는다.

❸ 상대는 자신의 문제라고 생각하지만, 당신은 자신의 문제가 아니라고 생각한다.

❹ 당신의 문제도, 상대의 문제도 아니라고 생각한다.

①에서는 당신도, 그리고 상대도 자신의 문제라고 생각하는 공통 의식이 있기 때문에 대화를 통해 해결해 나가야 한다. ④에서는 그 누구도 문제가 없다는 것을 인지하고 있기 때문에 화를 내야 할 이유가 없다.

문제는 ②와 ③이다. 여기에는 당신에게 문제가 있는 경우, 당신과 상대에게 문제가 있는 경우, 상대에게 문제가 있는 경우가 있다. 만약 당신이 자신에게 문제가 있음을 깨닫는다면, 상대가 깨닫지 못하더라도 문제 될 것이 없다. 그러나 두 사람의 문제에 대해 어느 쪽이 깨닫지 못할 경우, 먼저 깨달은 쪽이 화가 나게 마련이다.

따라서 ②와 ③에서는 자신의 문제인가, 상대의 문제인가를 확실하게 해둘 필요가 있다. 물론 자신의 문제는 자신이 해결하도록 한다. 상대의 문제는 끝까지 상대의 몫으로 남겨둔다. 만약 상대가 움직여주지 않기 때문에 안절부절못한다면, 그것은 당신 탓이지 결코 상대의 탓이 아니다. 문제가 상대에게 있는 것이 확실하다면, 당신은 상대의 행동에 따라 화를 내는 등 감정에 동요되지 말고 침착하고 냉정하게 당신이 해야 할 일만 추진해 가면 된다.

그러므로 화나는 일이 생기면 무엇보다 먼저 그 문제가 나 때문인지, 상대 때문인지를 확실하게 구분해 놓으면 아까운 인생을 화내는 것으로 낭비하는 일은 줄어들 것이다.

되도록 마음 불편한 비밀을 갖지 않는다

사람들에게 말하지 못하는 비밀을 간직하고 있으면 안절부절못하는 원인이 된다. 나는 창업 당시, 직원들에게 좋은 영향을 줄 수 있는 정보는 공개하고, 그 외의 정보는 공개하지 않았다. 창업 초기 경영이 순조롭지 않았기 때문에 회사의 재정에 관해 마이너스 정보를 공개하면 혹시라도 사표를 내는 사원이 생기지 않을까 하는 불안감 때문이었다.

그러나 그것은 잘못된 생각이었다. '굳이 숨길 필요가 있을까?'라고 곰곰 생각해 보니 어쩌면 내가 부하 직원을 신용하지 않기 때문에 그럴 수도 있다는 생각이 들었다. 부하 직원을 신뢰한다면 회사의 현황에 대해 좋은 일이든 나쁜 일이든 숨기지 않고 밝힐 수 있어야 한다. 회사의 실정을 솔직히 밝히고, 직원들로부터 이해를 구하는 것이 지금부터 해야 할 일이나 나아가야 할 방향에 대해 함께 의견을 모을 수 있는 최선책이라는 생각이 들었다.

그래서 그 후로는 모든 정보를 직원들에게 철저히 공개했다. 그 결과, 마이너스 정보를 감추고자 했던 내 생각이 잘못되었음을 명확히 깨달았다. 정보를 오픈하여 투명한 조직을 만들고 보니 직원들의 결속력이 훨씬 강화되고, 신뢰감도 더욱 높아졌다.

이렇듯 정보라고 하는 것은 언제, 어디에서, 누군가에게, 어떤 도움을 줄지 모른다. 보다 상세한 정보를 알고 있으면 일의 우선순위를 쉽게 결정할 수 있고, 일에 접근하는 방법이나 재정 관리 의식 등을 변화시킬 수 있다. 게다가 회사의 세밀한 부분까지 정확히 알고 있으면 책임 의식도 높아지고, 일하는 데도 동기 부여에 큰 영향을 미칠 것이라고 생각한다.

그리고 무엇보다 사실을 솔직히 전달하니 내 자신이 즐거워졌다. 나만이 비밀을 간직하고 있다는 것은 늘 마음이 무겁고 괴로운 일이었다. 또한 자신의 생각을 솔직히 공개하면 새로운 일에 대한 가능성이 열린다.

나에게는 '되도록 해외에서 생활하면서 일을 하고 싶다'는 희망이 있었다. 나는 그것을 항상 여러 사람에게 이야기하고 다녔다. 그러자 해외에서 구체적인 일의 제의가 여기저기에서 들어왔다. 이처럼 내가 원하는 일을 얻기 위해 자신의 생각을 적극적으로 공개하면 그것이 새로운 정보가 들어오는 기회를 열어주게 된다.

당신은 '조하리의 창(Johari Window)'에 대해 알고 있는가? 이는 당신이 본 당신, 주위 사람이 본 당신을 '깨닫고 있다' '깨닫지 못하고 있다'라는 2가지 측면으로 분류해서 만들어본 것이다.

인간관계에서 버럭버럭하고 스트레스를 쉽게 받는 사람은 B와 C가 큰 타입이다. 반대로 스트레스에서 해방되어 있는 사람은 A가 큰 사람이다. 때문에 B나 C를 A쪽으로 가져오면 자신의 인생이 보다 밝은 방향으로 전환될 수 있다. C를 A로 가져오기 위해서는 가능하면 자신을 오픈시키는 일이 필요하다. 자신에게 불리한 정보를 공개하기 위해서는 커다란 용기와 넓은 가슴이 필요하다. 하지만 이로 인해 자신의 위치가 떨어질 염려는 결코 없다.

★조하리의 창

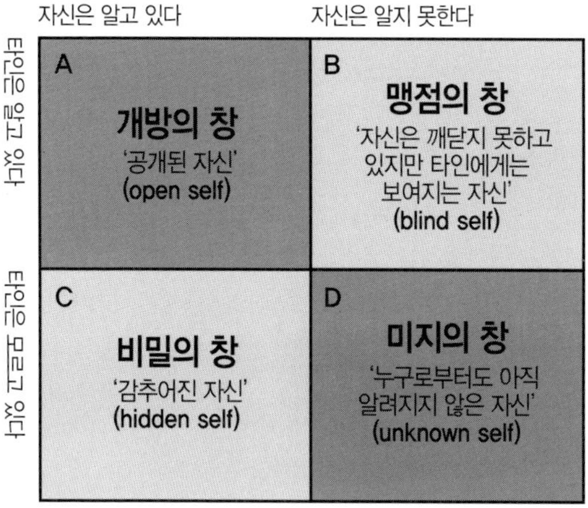

<table>
<tr><td></td><td>자신은 알고 있다</td><td>자신은 알지 못한다</td></tr>
<tr><td>타인은 알고 있다</td><td>A

개방의 창
'공개된 자신'
(open self)</td><td>B

맹점의 창
'자신은 깨닫지 못하고
있지만 타인에게는
보여지는 자신'
(blind self)</td></tr>
<tr><td>타인은 모르고 있다</td><td>C

비밀의 창
'감추어진 자신'
(hidden self)</td><td>D

미지의 창
'누구로부터도 아직
알려지지 않은 자신'
(unknown self)</td></tr>
</table>

머릿속이 포화 상태가 되지 않도록 비우는 연습, 그 해답은 메모하기다

많은 일을 동시에 껴안고 있고, 복수의 사람과 약속을 하면 머릿속이 꽉 차게 되어 스트레스가 쌓이기 쉽다. 인간의 머릿속에 있는 하드 디스크의 용량에는 한계가 있다. 물론 개인차가 있지만 무한한 용량을 갖고 있는 사람은 없다.

그렇기 때문에 한꺼번에 많은 일을 안고 있으면, 그 용량이 가득 차게 된다. 이런 상태를 피하기 위해 메모라는 것이 있다. 항상 메모를 해 놓으면 잊어버리는 일을 막을 수 있다. 아무리 기억력이 좋은 사람이라도 '이것도 해야 하고, 저것도 잊지 않고 해야 한다'는 생각을 갖고 있으면 집중해서 일을 할 수가 없다. 일의 효율성도 떨어지고, 기대했던 성과도 올리기 어렵다.

만약 이런 상태가 지속되면 안절부절못하다가 중요한 약속을 잊어버리는 최악의 사태가 발생하기도 한다. 이를 방지하기 위해서 취할 수 있는 최선의 방법은 내 기억력만을 의지하는 대신 기록해 두는 연습을 하는 것이다. 중요한 일을 하는 데 메모는 필수다.

메모를 하여 자신만의 방법으로 잘 정리해 두면 잊어버리는 것에 대한 불안감이 해소되어 집중해서 차분히 일에 몰두할 수 있다. 무언가를 잊었을 때는 곧 메모를 보는 습관을 들이면, 일에 대한 효율성도 올라가고 그것만으로도 시간을 유용하게 쓸 수 있다.

모르는 것은 곧 물어서 궁금증을 키우지 않는다

나는 모르는 것이 있으면 곧 물어보는 성격이다. 어느 날 이제 막 창업을 한 젊은 경영자에게 상담을 하러 갔다. 내가 그에게 "사장님이라면 어떻게 생각하십니까? 실은 이런 일로 고민이 되는데, 고견을 좀 들려주십시오"라고 말하자 그는 의외라는 표정을 지었다. 창업 새내기 사장에 비해 나는 경영자로서의 캐릭터도 있고, 실적도 있었다. 그의 입장에서 보면 오히려 자신이 나에게 배워야 한다고 생각한 모양이었다.

그는 나에게 "이렇게 궁금한 점을 솔직하게 물어보는 당신이 대단하다는 생각이 들었다"고 말했다. 나는 모르는 것을 나보다 상세하게 알고 있는 사람에게 물어본 것에 불과했는데, 그는 나의 질문을 받고 많이 놀란 것 같았다.

당신은 모르는 것이 있거나 해결할 수 없는 고민에 빠지게 되면 어떻게 하는가? 답을 구할 때까지 혼자 공부하고, 고민이 해결될 때까지 한결같은 고통을 겪고 있는 것은 아닌지. 혼자서 해결해 보겠다는 마음가짐은 훌륭하지만 그런 방법은 시간도 많이 걸릴 뿐만 아니라, 그동안 혼자서 안달복달하면서 지내야 한다는 점에서 그리 바람직한 방법이라고는 할 수 없다. 인터넷을 열심히 검색해도 딱 맞는 답을 찾을 수 없어 시간만 허비하는 일도 다반사다. 답을 찾지 못하면 오히려 스트레스만 받게 된다. 이럴 때는 누군가에게 물어보는 것이 좋다. 답을 알고 있는 사람에게 물어보는 것이 상책이다.

그러나 이 세상에는 물어보는 데 익숙하지 않는 사람들이 의외로 많다. 모르는 것을 물어보는 것은 창피한 일이 아니다. 모르는 문제든 아는 문제든 자신의 생각이나 사고를 솔직하게 표현하는 것이 무엇보다 중요하다. 그러므로 무슨 일이든 궁금증이 생길 때는 즉시 물어보는 습관을 몸에 익히도록 한다.

화가 나는 환경에 자신을 방치하지 않는다

나는 회사에 근무할 때 매일 아침 '지옥철'에 올라타는 것이 싫고, 참을 수가 없었다. 꼼짝도 할 수 없는 만원 전철에서 사방에서 몸을 부딪쳐오는 사람들로 인해 버럭버럭 소리를 지르고 싶은 심정이었다. 아침의 소중한 시간을 울화가 치민 상태로 지내다 보면 그 다음 일에도 나쁜 영향을 주게 마련이다.

나는 그처럼 화가 치미는 상황에 나 자신을 던져 놓지 않기 위해 주거지를 전철의 시발점과 가까운 곳으로 정했다. 시발점에서 한두 정거장 떨어진 곳에 살 때는 거꾸로 정거장을 거슬러 올라가 종점에서 탔다. 덕분에 항상 앉아서 출근할 수 있게 되었고, 러시아워 속에서도 책을 읽다 보면 어느새 목적지에 닿아 있었다. 나는 비로소 아침마다 화가 나는 상황에서 벗어날 수 있었다.

그 후엔 통근 전철을 타지 않아도 되는 생활을 하고 싶어 30세 초반에는 회사 근처에 있는 집을 빌렸다. 그때부터 현재에 이르기까지 나는 걷거나 자전거로 사무실까지 갈 수 있는 거리에 집을 잡았기 때문에 러시아워의 고통과는 무관한 생활을 하고 있다.

회사 근처에서 살겠다고 생각한 것은 독자적으로 회사를 운영하게 된 이후부터다. 샐러리맨 생활 6년간은 휴일에 회사가 있는 시부야 근처에 가고 싶지 않았다. 시부야에서 멀리 떨어진 장소에 가서 쉬는 것으로 일에서 해방감을 느꼈다. 독립 경영 후에는 시간도 아깝고, 출퇴근으로 화가 나는 상황에 나를 두고 싶지 않다는 두 가지 이유로 회사 근처에서 살았다.

나의 과거를 돌이켜 보면 언제나 화가 나지 않는 상황을 만들기 위해 노력해 온 것 같다. 통근 전철 외에도 나는 줄을 서는 것을 싫어한다. 디즈니랜드에서 공연을 보기 위해 줄을 서거나 소문난 라면집 앞에서 줄을 서서 기다리는 것은 질색이다. 최근 유명 상점에서 물건을 사기 위해 몇 시간씩 줄을 서 있는 사람들도 있는데 나로서는 상상도 할 수 없는 일이다. 때문에 나는 줄을 서야 하는 곳에는 처음부터 가지 않기로 결심했다. 줄을 서서 기다리는 동안 화를 내기보다는 줄을 서지 않고도 여유롭게 머물 수 있는 곳을 선택했다. 이처럼 자신이 죽기보다 싫어하는 일이 있다면, 그런데도 어쩔 수 없이 그 일을 하고 있다면 그 상황에서 벗어나는 방법을 적극적으로 검토해 보는 것이 좋겠다.

화나는 일에서 눈을 돌린다

쳐다보면 화가 날 것이라는 사실을 뻔히 알면서도 그 상황을 지켜보고 있는 경우가 적지 않다. 그 일에서 눈을 돌려버리면 화를 피해갈 수 있다는 것을 잘 알면서도 말이다.

직장에서의 경우를 예로 들어보자. 상사는 부하 직원을 가르치는데 상당한 인내심이 필요하다. 참을성 있게 지켜봐주는 것이 중요하다. 하지만 부하 직원이 일하는 모습을 보고 있노라면 속이 끓어오르는 경우가 한두 번이 아니다. '어휴! 저것밖에 못하나?' '그 상황에서 저렇게 말하면 안 되지…' 등으로 화가 불쑥불쑥 치미는 일이 많다. 그래서 나는 아예 직원들이 일하는 모습을 보지 않으려고 한다. 보면 볼수록 화가 치밀어 오르는 경우가 많기 때문에 되도록 그 장소를 떠나 있으려고 하는 것이다.

뿐만 아니라 화가 난다고 해서 부하 직원에게 소리를 치거나 '이건 이렇게 해야 한다'고 지시를 내리면 그들의 성장을 방해하게 된다. 그런 사실을 잘 알고 있으면서도 가까이 있다 보면 도저히 화를 참을 수가 없어 아예 그 자리를 피하는 것이다.

한번은 사무실에서 내 책상 위치를 바꾼 적도 있었다. 책상을 사무실 구석으로 옮기고 파티션을 둘러 아예 부하 직원들이 일하는 모습을 보지 않으려고 했다. 결과는 나 자신도 화를 내는 것에서 해방되고 직원들도 한층 성장했다.

일방적으로 말하지 않는다

호흡은 들이마시고 내쉬는 것이 한 세트다. 대화도 A가 말하면 B가 듣고, B가 말하면 A가 듣는 게 한 세트다. 이처럼 서로의 역할을 반복해서 하는 것이 이상적인 커뮤니케이션이다. 만약 A는 말만 하고 B는 듣고만 있어야 한다면 B로서는 여간 곤혹스러운 일이 아닐 것이다.

나는 세미나를 통해 깨달은 것이 있다. 세미나에서 강사는 일방적으로 자신의 말만 하고, 수강생들은 듣기만 하는 것이 일반적인 모습이다. 커뮤니케이션의 호흡을 생각해 보면 수강생들에게도 말을 할 수 있는 기회를 주는 것이 중요하다. 그래서 나는 참석자들에게 질문을 던지기도 하고, 의견을 들어주기도 하며, 수강생끼리 대화를 나누는 시간도 의식적으로 만들어 주고자 한다.

일상의 대화에서도 마찬가지다. 상대가 일방적으로 자기 말만 한다면, 들어주는 입장에 처한 사람에겐 여간 고통스러운 일이 아니다. 특히 자신이 무의식중에 말을 많이 하는 스타일이라면 의식적으로라도 듣는 일에 신경 쓸 필요가 있다.

최근 방송에서 잘나가는 사회자들을 보면 혼자서도 말을 잘하지만, 게스트들에게 이야기할 기회를 많이 준다는 것을 알 수 있다. 커뮤니케이션의 기본인 말하고 듣는 일을 조화롭게 진행시킬 수 있는 사회자가 명사회자다. 당신의 인생을 제대로 커뮤니케이션하고 싶다면 일방적으로 말하는 습관부터 고치는 것이 좋다. 이런 습관만으로도 소소하게 닥쳐오는 분노를 막을 수 있다.

삼합주의(三合主義)로 산다

나의 옛 상사가 어느 결혼식에서 '삼합주의'의 중요성에 대해 말하는 것을 들은 적이 있다. 결혼식이기 때문에 삼합이란 3가지 사랑(愛)으로 생각할 수도 있겠지만, 여기서 삼합이란 3가지 합(合)이다. 즉, '서로 돕는다, 서로 나눈다, 서로 양보한다'라는 의미다.

그는 이 삼합주의를 항상 머릿속에 새기고 있으면 행복한 결혼 생활을 할 수 있다고 강조했다. 나도 좋은 말이라고 생각하고 후배나 지인의 결혼식에서 할 말이 없으면 늘 이 말을 빌려서 사용하고 있다.

삼합주의는 부부간에만 해당하는 것이 아니라 모든 인간관계에 적용되는 말이다. 사회생활을 하면서 서로 양보하고, 서로 나누고, 서로 돕는 마음을 조금이라도 갖고 있으면 안절부절못하거나 화를 내는 일도 많이 줄어들 것이다.

살아가는 방법이나 생각에 자신이 있다면 자유롭게 산다

평소의 나는 '이렇게 하고 싶다' '이렇게 나아갔으면 좋겠다'고 생각하지만 사장의 입장으로서는 '당연히 그래야 한다'고 생각하고, 또 상사의 입장으로서는 '이렇게 하지 않으면 안 된다'고 생각하는 나 자신을 발견하고, 스스로 거리감을 느낀 적이 있었다.

'나는 순수하게 이렇게 하는 것이 좋다고 생각하는데, 왜 사장의 입장이 되면 부하 직원들은 당연히 그래야 한다고 생각하는지'를 떠올리며 화가 나는 것을 느꼈다. 하지만 사실 '이렇게 하고 싶다'고 생각하는 것은 결코 틀린 것이 아니다. 물론 사장이나 상사의 입장이 되어 '당연히 그래야 한다'고 생각하는 것도 틀리지 않는다.

A라는 사건에 대해 어떻게 대처하는가는 생각하는 방법의 차이에 달렸다. 만약 자신이 살아가는 방법이나 생각에 자신이 있다면 인

간으로서 자유롭게 살아도 좋다. 그것은 좋은 의미의 자유다. 올바른 사고 위에 세운 확신은 신념과 연결된다. 나는 틀린 방법으로 살지 않는다는 자신감만 있으면 자신의 신념을 소중히 여기며 사는 것도 중요하다고 생각한다.

나의 좌우명은 '일생일회'다. 삶을 살아가노라면 다양한 기로에 서게 되고, 그 자리에서 생각을 결정하지 않으면 안 되는 순간들도 많다.

한번쯤 자신에게 질문해 보라. "한 번밖에 없는 인생에서 진심으로 무엇을 하고 싶은가?" "세상을 살아가는 데 아무런 장애도 없다면 나는 어떤 결정을 내릴 수 있을까?"라고 말이다.

'나는 대체 무엇을 하고 싶은 것일까?'라는 고민을 수없이 하고 있던 시기에 가까운 친구로부터 "인생은 단 한 번뿐이야. 너답게 사는 것이 중요해"라는 말을 들은 적이 있다.

그렇다. 자신의 생각을 솔직하게 표현하고, 자신의 생각을 소중히 여기며 살 수 있다면 무척이나 즐거운 인생이 될 것이다. 주위로부터 찬사도 받을 수 있을 것이다. 여러 가지 좋은 의미에서 인생이 호전되어 가고 있다고 생각해도 좋을 것이다.

잘못된 방법만 아니라면, 인간은 좀 더 자유롭게 살아도 좋다고 생각한다. 단, 오해하지 말아주었으면 하는 것이 있다. 잘못된 사고 위에 세운 확신은 자기중심적이며, 제멋대로이고, 이기주의나 착각과 연결되어 있으니 말이다.

최근 일본에서는 급식비를 지불하지 않는 부모들이 늘고 있다고 한다. 그것도 결코 금전적으로 곤란을 겪고 있는 가정이 아니다. 이유를 물으니 "의무교육인데, 왜 급식비가 필요하느냐?"라는 답이 돌아왔다. 이는 명확한 이기주의이며 제멋대로인 생각이고, 착각에 불과하다. 그런 부모에게 교육받고 자라는 아이들의 장래가 측은하다는 생각까지 들었다.

이처럼 독단적이고 이기적인 생각만 아니라면 내 인생에서 얼마든지 자유로워지라고 권유하고 싶다. 이것이야말로 인생을 스트레스와 분노 없이 즐겁게 누릴 수 있는 방법이니까.

자신의 성장을 스스로 인정한다

입사 당시, 나의 첫 월급은 15만 엔, 내가 살고 있던 곳은 월세 3만 8천 엔의 욕실이 없는 아파트였다. 욕실이 없었기 때문에 공중목욕탕을 이용해야만 했다. 목욕을 하기 위해서는 늦어도 밤 11시 30분까지는 목욕탕에 도착해야 하므로, 회사가 있는 시부야에서 11시 출발 전철을 타야 했다. 회식 자리에서 술을 마시다가도 목욕탕 시간에 맞춰 돌아온 적도 있었다.

그 당시의 목표는, 여하튼 목욕탕 시간을 신경 쓰지 않고 살고 싶어 욕실이 딸린 맨션으로 이사하는 것이었다. 그때 나는 하루에 3천 엔 이상 사용하면 생활을 꾸려갈 수 없었다. 매일 아침, 집 가까이의 은행에서 3천 엔만 꺼내 지갑에 넣고 출근했다. 1백10엔의 주스를 사 먹는 것도 과분하다고 생각하고 인내심을 발휘하여 남은 돈은 모두 저금통에 넣고, 돈이 어느 정도 모아지면 사 먹었다.

그 후 샐러리맨 생활을 몇 년 계속하는 동안 목이 마르다고 느끼면 금방 주스를 사 마실 수 있는 형편이 되었다. 그때는 입사 당시보다 좀 더 경제적으로 여유가 있었다. 게다가 일이 끝나고 집에 돌아와

목욕을 하면서 취침 전에 맥주를 한 잔 마시고 잠자리에 들 수 있을 정도의 여유도 생겼지만 좀처럼 실행하지는 못했다.

당신은 어떤가. 조금씩 성장해 가고 있는 자신을 느끼고 있는가. 큰 부자는 아니지만 적어도 매일 신경 쓰지 않고 맥주 한두 잔 정도는 마실 수 있게 되었다는 생각이 들 만큼, 작은 성장을 계속하고 있다면 '내 생활이 풍족해졌다'고 여기자. 사사로운 일이지만 작은 것에도 자신을 인정하고 칭찬하면 화가 나거나 안절부절못하는 상황을 상당 부분 해소할 수 있다.

아주 작은 일에도 자신을 칭찬하고, 스스로에게 상을 주자

나는 스스로 내 자신을 칭찬하는 일에 익숙하다. 가령 아내와 얘기를 할 때도 "이렇게 말하는 내가 멋있다고 생각하지 않아?" "사람들은 이런 일을 하거나 이렇게 말하는 나를 좋아하지 않겠어?"라고 입 밖으로 내서 말한다.

아내는 내게 "지금 또 자신을 칭찬하고 있는 거예요?"라고 말하지만 나는 "물론 칭찬하고 있는 거지. 누구도 나를 칭찬해 주는 사람이 없으니까 나라도 칭찬해 줘야지"라고 대답한다.

사사로운 일에도 자신을 칭찬하는 것은 매우 중요하다. 아주 작은 일이라도 그것을 달성했을 때 자신을 칭찬해 줄 수 있으면 어느 정도는 스트레스에서 해방될 수 있다. 작은 목표를 완벽하게 해냈을 때도 '나는 꽤 괜찮은가 봐'라고 자신을 격려해 준다.

나의 경우에는 내가 애썼다거나 수고했다는 생각이 들면 자신에게 포상을 해준다. 1년을 통해 나 자신이 이 정도의 목표를 달성한 데에 대한 감사의 의미로 상을 주는 것이다. 나는 매년 1월에 개인적인 목표를 설정하고, 전자수첩에 기록해 둔다. 가령 '매상 예산 달성' '경영 이익률 70% 달성' '소림사 권법 2단 획득' '일상 회화 마스터' 등 극히 개인적인 것들이다. 또한 목표를 달성하면 어떤 상을 내게 줄 것인지, 포상의 내용도 생각해 둔다. 내가 갖고 싶은 물건들을 추려서 고려 대상 항목에 넣어두는 것이다.

그리고 크리스마스 전에 일 년의 목표 달성 정도를 되돌아본다. 그리고 올 한 해 최선을 다했다고 느껴지면 상을 준다. 낡은 자동차대신 새 자동차를 구입하거나 코트를 사는 것 등으로, 나에게 주는상의 명목으로 나 스스로에게 사주었다. 다만, '올해는 약간 게으름을 피운 것 같네' '조금 부족한 것 같다'는 생각이 들 때는 상을 주지 않았다. 그래도 지난 일 년간 내가 노력한 것을 치하하는 의미로 가족과 함께 레스토랑에서 근사한 식사를 하는 정도의 여유는가졌다. 그것을 격려로 삼고 더욱 노력하자고 마음에 새기는 일까지도 덤으로 말이다.

내가 기분 좋게 지내는 방법이 무엇인지 알고 있는가?

스스로 즐겁게 지내는 방법을 몇 가지 알고 있으면 대체로 기분 좋게 생활할 수 있다. 그리고 기분이 침체될 때나 슬플 때, 일이 잘 진행되지 않아 화가 날 때 기분이 좋아지는 환경에 자신을 놓아 주는 것이다.

내가 주로 즐기는 방법은 스타벅스에 커피를 마시러 가거나 집 근처의 '미켈란젤로'라고 하는 카페에서 샴페인을 한 잔 시켜 놓고, 테라스에서 어렴풋이 밖의 경치를 보면서 생각을 하거나 책을 읽는 것이다.

헬스 클럽의 최상층에 있는 레스토랑도 마음에 드는 곳이다. 그곳은 회원밖에 사용할 수 없는 곳이지만, 회원들의 사용이 많지 않아 언제나 비어 있다. 이곳에서 혼자 점심을 먹고 있으면 늘 마음이 평온해진다.

스스로 어떻게 하면 기분이 좋아지고, 스트레스가 풀리는 장소를 알고 있으면 감정을 컨트롤하는 데 큰 도움이 된다. 나는 특히 심하게 기분이 다운될 때는 조가시마라는 곳에 있는 나만의 벤치로 간다. 이곳은 말 그대로 내가 지정한, 나만의 소중한 장소다.

미우라 반도의 조가시마에 있는 약간 높은 언덕에는 벤치가 있다. 이 벤치에 앉아 바다를 바라보는 것을 무척 좋아한다. 스스로 감정을 컨트롤하기 어렵거나 중요한 일이 있는 경우, 자동차로 조가시마로 가서 바다를 내려다보며 바람과 바다와 자연을 느끼고 돌아온다. 그러면 파도에 머릿속의 혼란스러운 일들이 정리되었는지 다시 마음이 차분해지고 스트레스도 조금씩 해소되어 간다.

이렇듯, 자신이 좋아하는 장소로 가서 좋아하는 일을 마음껏 하는 것. 때때로 이런 환경에 나 자신을 놓아 주면 위로를 받고, 마음이 한결 평온해지는 것을 느낄 수 있을 것이다.

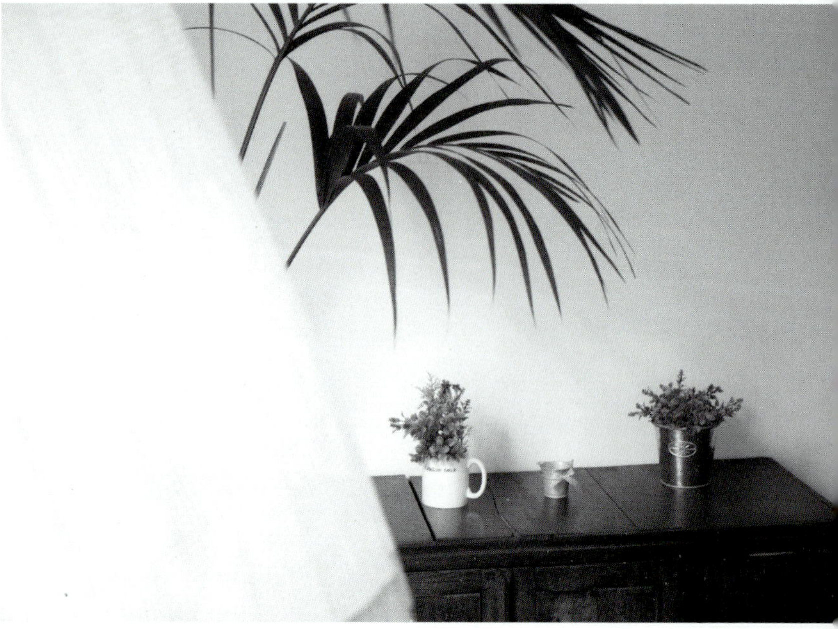

아침 시간을 소중히 사용하라

감정을 컨트롤하는 데는 아침 시간이 매우 중요하다. 나는 오래전
부터 아내에게 "아침밥은 필요 없다"고 말해 왔다. 아침은 나만의
페이스로 평온하게 보내고 싶기 때문이다. 나는 아침 일찍 집을 나
와 카페나 패밀리 레스토랑에 가서 아침을 먹으면서 신문을 읽는
다. 이것이 내가 아침을 시작하는 방법이다.

그리고 혼자 조용히 자신을 응시한다. 편안한 기분으로 나의 꿈이나 목표를 생각하기도 하고, 오늘 하루 무엇을 할까 생각한다. 기분 좋게 하루를 시작하기 위해서는 오늘 할 일이 정리된 상태로 머릿속에 들어 있지 않으면 안 되기 때문이다.

또 하나, 기분 좋게 일어나기 위한 방법으로 나는 알람시계의 소리에 신경을 쓴다. 따르릉 울리는가, 삐삐삐 울리는가, 또는 음악이 울려 퍼지는가에 따라 눈을 뜨는 기분도 달라지기 때문이다. 이를 위해 나는 좋은 알람시계를 몇 개 구입해서 바꿔가며 시험을 해봤다. 쾌적한 기상으로 아침을 기분 좋게 시작하기 위한 공부의 하나였다.

최근에는 태양광을 이용해서 일어나고 있다. 원래 인간은 해가 떠오르면 일어나서 일을 하고, 해가 지면 휴식을 취하는 생활을 규칙적으로 반복해 왔다.

인간의 체내 시계는 눈과 눈 사이의 인접한 곳에 있으며, '시교차상핵(視交叉上核)'이라는 신경세포군에 있는 것으로 알고 있다. 아침은 아침 해의 밝은 빛이 '시교차상핵'에 전달되어 일어나라는 명령을 내리고, 밤에는 어둠이 '시교차상핵'에 전달되어 잠을 자라는 명령을 내리는 것이다. 나는 창의 커튼을 일부러 열어 놓고 잠자리에 들어 아침이면 태양 광선을 흠뻑 뒤집어쓰며 일어난다.

이런 몇 가지 방법으로 아침에 기분 좋게 일어나는 일에서부터 나만의 스타일로 식사를 하고, 약간의 여유를 즐기는 일까지… 아침 시간을 짧지만 행복하게 보내는 방법들을 생각해 보기를 권한다. 그 작은 여유가 당신의 하루를 한결 즐겁게 만들어줄 것이다.

주변 사람에게 자신의 장점 50가지를 써 받아라

어느 세미나에 참가했을 때의 일이다. '당신의 주변 사람들에게 자신의 장점 50가지를 써 받아오라' 는 과제를 받은 적이 있다. 나는 아내에게 부탁했다. 아내는 곰곰 생각하더니 나의 장점 50가지를 열거해 나갔다. '기념일을 잘 챙긴다' '언제나 나의 일을 신경 써준다' '최선을 다해 일한다' 등 50개 장점을 적어준 것이다.

그것은 정말로 기쁜 일이었다. 50개 중에 '역시' '과연'이라고 생각한 것도 있었지만 의외의 항목도 있었다. 그것을 보고 '내게 그런 모습이 있었던가?' '내가 그런 생각을 해줬나?' 등을 알게 되어 감동을 받았다. 새삼스레 나의 장점을 깨닫는 계기가 되기도 했다.

대개 타인의 장점을 10개 정도는 쉽게 쓸 수 있지만 50개를 쓰려면 결코 깊이 생각하지 않으면 쓸 수 없다. 때문에 50가지 항목 중 나중에 속해 있는 항목 쪽에 가슴을 뭉클하게 하는 것들이 많다. 그것을 읽으면 큰 용기를 얻고 자신감을 갖게 될 것이다. 나는 아내가 나의 장점을 써준 그 종이를 아직도 보물로 간직하고 책상 위에 붙여놓고 있다. 당신도 부디 주위 사람에게 자신의 장점 50가지를 써 받기 바란다. 당신 자신을 보다 세밀하게 들여다보고 용기를 얻는 데 큰 도움이 될 테니 말이다.

〈아내가 나에게 써준 50가지 장점〉

1 매사를 신중히 생각한다.

2 평등하다.

3 상대의 일을 중심으로 생각한다.

4 이성적이다.

5 노래를 잘 부른다.

6 밸런스를 잘 유지한다.

7 청결하다.

8 꼼꼼하다.

9 바르게 생각하고 행동한다.

10 계획성이 있다.

11 채소 중심의 좋은 식성을 갖고 있다.

12 감사의 마음을 상대에게 전할 줄 안다.

13 화내지 않는다.

14 타인의 말을 잘 들어준다.

15 자신이 말한 것을 실행에 옮긴다.

16 언제나 시간을 내어 운동한다.

17 치과에 6개월에 한 번씩 검사받으러 간다.

18 사람을 기쁘게 하는 일에 능숙하다.

19 잔소리를 하지 않는다.

20 말을 옮기지 않는다.

21 부모를 귀하게 여긴다.

22 심플하다.

23 어떠한 일에도 최선을 다한다.

24 항상 긍정적으로 생각한다.

25 시간을 지키는 데 철저하다.

26 부부의 기념일을 잘 챙긴다.

27 1년에 한 번씩은 선물을 준다.

28 1년에 3회 정도 해외여행을 함께 간다.

29 밤늦게 귀가할 때는 반드시 집에 연락한다.

30 DVD 예약은 전부 본인이 한다.

31 반찬이 없을 경우에도 싫은 얼굴을 하지 않고 잘 대해 준다.

32 일이 생기면 곧 의논한다.

33 커뮤니케이션을 하기 위해 노력한다.

34 가끔 시간을 내서 시댁과 친정을 방문한다.

35 성묘는 시간이 날 때 간다.

36 낭비를 하지 않는다.

37 항상 나의 일에 신경 써준다.

38 칭찬을 잘한다.

39 의로운 일에 주먹을 쥔다.

40 그날 할 일은 반드시 그날 마친다.

41 운전을 잘한다.

42 정보를 빠르게 수집한다.

43 학구파다.

44 사소한 일도 잘 해결하려고 노력한다.

45 일을 할 수 있다.

46 안심하고 보고 있을 수 있다.

47 신용과 신뢰가 있는 사람이다.

48 마음이 넓다.

49 아이디어가 많다.

50 사고방식이 자유롭고 넓다.

진심 어린 대화는 마음과 기분을 나눌 수 있는 좋은 방법이다

마음은 표현해야 비로소 느낄 수 있다. '부하들의 일을 가장 먼저 생각하는 상사가 되고 싶다'거나 '친구들의 마음을 살피는 최고의 벗이 되고 싶다'고 마음속으로 생각한다고 해도 대화가 없으면 그것이 정말 그들이 원하는 모습인지를 알 수 없다.

부하와 대화가 없으면 자신의 생각을 상대에게 전하는 것은 매우 어려운 일이다. 대화를 통해서만 서로의 이해가 깊어지기 때문이다. 진심 어린 대화를 나눠야만 서로가 어떤 식으로 일하고 있는지도 확인할 수 있다. 당신이 상사라면 부하들에게 '내가 어떤 상사가 되었으면 좋겠는가?'를 묻고, 만일 당신이 아랫사람이라면 상사에게 '내가 어떤 부하가 되기를 바라는가?'를 묻는 일은 꼭 필요하다. 여기에서 중요한 것은 쌍방의 생각을 말하는 것. 상사만이 '자네는 이런 부하가 되었으면 하네’ ‘이 일을 해주었으면 좋겠네’라고 일방적으로 말하는 것은 옳지 않다.

‘부하들은 이런 상사를 원하고 있을 거야’라고 혼자서 생각하고 만다면 더 이상의 방법은 없다. 게다가 서로 불편한 관계에 빠지기 시작하면 서로의 생각을 전달하기란 점점 더 어려워진다. 타이밍과 장소, 인간관계의 깊이를 생각하지 않으면 올바른 일이라도 상대를 받아들이기 쉽지 않은 것이 보통이다.

사람들은 입 밖으로 자신의 생각을 말하지 않고 ‘왜 나를 몰라주는 것일까?’라고 고민하고 안절부절못하는 경우가 많다. 가령, 매일 밤늦게 집에 돌아오고, 집에 와서도 무뚝뚝하게 침묵을 지키고 있는 남편에 대해 아내는 말을 붙이고 싶은 마음이 없을 것이다. 아내의 불만은 서서히 더해지지만 대체로 자신의 생각을 표현하지 않고 불편한 관계로 지내는 경우가 많다. 아내는 '나도 하루 종일 육아로 바빠 피곤하다. 그걸 알아줬으면 한다'라고 생각하지만, 남편이 스스로 알아줬으면 하기 때문에 절대 입 밖으로 꺼내지 않는 것이다. 그러나 자신의 감정을 솔직하게 표현하지 않고 상대로부터 이해를 구한다는 것은 거의 불가능한 일이다.

또한 '이렇게 말하면 그가 상처를 받는 것은 아닐까?' '이렇게 말하면 그는 나를 싫어하지는 않을까?' 등의 이유로 말해야 하는 것도 말하지 못하는 경우가 있다. 하지만 정말로 상대를 생각한다면 애정을 담아 말할 필요가 있다. 상대가 누구이든 내 마음을 몰라준다고 안절부절못하는 것은 대화의 부재가 큰 원인이다. 진심 어린 마음에서 나온 말은 통하기 마련이므로 항상 자신을 적극적으로 표현하는 습관을 길러보자.

'피곤하다, 시간이 없다, 바쁘다'라는 말은
더 이상 하지 말자

자신의 감정을 컨트롤할 수 있는가를 확인하기 위해 스스로 기준을 설정해 놓는 것은 어떨까? 가령 언어 사용에 대해 생각해 보자.

나의 경우, 사용하지 않기로 한 3가지 말이 있다. '피곤하다, 시간이 없다, 바쁘다'가 그것이다. 이 말을 평소 아무렇지도 않게 하고 있다면 감정 컨트롤이 제대로 되지 않고 있다는 신호다. 이처럼 감정 컨트롤이 되고 있는지 스스로 확인하는 체크 포인트를 정해 놓는 일은 매우 중요하다.

왜냐하면 실제로는 충분히 시간을 낼 수 있음에도 불구하고 '바쁘다'는 말이 입에 붙어 있으면 해야 할 일들까지 미뤄두고 있을 수도 있기 때문이다. 게다가 '나는 늘 바쁘다'고 입버릇처럼 말하면 스스로 스트레스를 가중시키는 결과를 낳을 수도 있으니 말이다.

무엇보다 자신만의 체크 포인트가 있으면 자신에 대한 생각을 변화시킬 수 있다. 가령 바빠서 정신이 없는 경우, 마음속에서 '바쁘다, 바쁘다'라는 울림이 저절로 나올 것이다. 그럴 때 '혹시 나는 정

말로 바쁜 건가?'라는 질문을 자신에게 던져본다. 이런 질문을 하는 것으로 인해 그 일을 다각도로 볼 수 있고, 고정관념을 버릴 수도 있게 된다.

만약 '정말로 바쁜가?'라는 생각에 의심이 간다면, 이번에는 '왜 바쁘지 않다'고 생각하는지 그 이유에 대해 자신에게 물어본다. 가령 '동료들도 모두 나와 마찬가지로 일하고 있잖아'라는 답을 구할 수 있다면, 그것만으로도 마음이 훨씬 가벼워질 것이다.

Part 5

'어쩔 수 없이 화가 나는 순간'을 위한 비책들

화가 날 때 당장 효과 보는 11가지 특효약

'신이 지금 나를 시험하고 있는 거야'라고 주문을 건다

아무리 화를 내지 않고 살아 보겠다고 다짐해도 일상생활에서 불쾌하거나 짜증이 나는 일을 겪을 수밖에 없다. 그런 일들은 정말이지 '어쩔 수 없이' 안절부절못하게 하고, 화가 나는 방향으로 몰고 가기도 한다. 어렵고 속이 타는 일이 있을 때, 나는 스스로에게 이렇게 주문을 건다. '맞아, 지금 신이 나를 시험하고 있는 게 틀림없어'라고 말이다.

인간은 약한 존재다. 나 역시 그렇다. 그렇기 때문에 그만큼 강하게 살고 싶다는 생각을 한다. 하지만 때론 무언가 일이 잘 풀리지 않거나 곤란한 상황을 만나게 되면 금방 초조해지고, 속이 끓어오르기도 한다. 눈앞에 닥친 상황을 피하고 싶어질 때도 있지만, 그럴 때마다 나는 '어떻게든 시험에 걸리지 않아야 한다'고 생각하고 스스로를 극복하기 위해 노력한다. 이렇게 생각하다 보면 시험에 걸리지 않기 위해서 스스로를 다독거리게 된다.

나에게는 어린 자식이 있다. 자식에 관한 한 부모는 어리석은 존재일 수밖에 없는지, 나는 그 아이가 마냥 귀엽기만 하다. 그러나 아이를 키우다 보면 화가 나는 일도 있다. 화가 난다고 분노의 감정을 그대로 표현한다면 자칫 아이에게 상처를 줄 수도 있다.

내 친구 중에는 아이가 부모 말을 듣지 않을 경우, 아이 앞에서 "어휴, 성가셔라, 아빠 정말 죽고 싶다"라는 말을 한다는 이야기를 들고 깜짝 놀란 적이 있다. 아이를 기르다 보면 부모 생각대로 되지 않는 경우가 많고, 화가 치밀어 오르는 것도 모르는 바가 아니다. 그래도 그런 식으로 말하는 것은 옳지 않다. 아이에게 상처를 줄 뿐만 아니라, 좋지 않은 영향을 미칠 수밖에 없을 테니까.

아이도 가르치는 말은 알아듣는다. 아이는 어른보다 1천 배 정도 빠른 속도로 정보를 흡수한다고 한다. 아이를 키우면서 화가 나는 순간에도 '이는 신이 인간의 인내심을 높여주기 위해 내게 하사하신 수행이야'라고 생각하면 좋지 않을까? 부모로서 아이에게 베스트가 되라는 것이 아니라 자식에게 있어 무엇이 베스트인가를 한번쯤 생각해 봐주었으면 한다.

특효약 2

"응, 좋아! 이것도 좋아~"라고 소리 내어 말한다

살다 보면 자신에게 뜻밖의 일이 생기는 경우도 있다. 이에 대한 대처법으로 내가 자주 사용하는 것이 "응, 이것도 좋아~"라고 입 밖으로 소리를 내어 말하는 것이다. 이는 사실을 긍정적인 방향으로 유도해 주는 마법의 언어다.

가령 부하 직원에게 "물을 사오라"고 심부름을 시켰다고 가정해 보자. 그런데 그가 내 말을 잘못 알아듣고 우롱차를 사온 것이다. 이때 마음에 여유가 없다면 부하 직원에게 "자넨 대체 내 말을 어떻게 알아들은 거야? 물을 사오라고 했잖아"라고 화를 낼 수도 있다. 그러나 그 반대 상황이라면 "응, 이것도 좋아~"라고 말할 수 있다.

그러면 인간의 뇌는 자연스럽게 '그것이 왜 좋은지'에 대해 생각하기 시작한다. '그렇지, 우롱차에는 지방을 분해하는 작용이 있지. 오늘 점심에 고기 요리를 먹었으니까 우롱차도 괜찮지…'라고 생각하는 것이다. 그 순간 당신은 똑같은 상황에서도 가치관이 다른 안경을 쓰게 되는 것이다.

이런 일이 있었다. 나는 기업에서 강의를 할 때 파워포인트를 사용한다. 때문에 대부분의 기업에서 강의를 시작하기 전에 프로젝터를 준비해 준다. 그런데 어느 기업에 가보면 프로젝터가 없는 경우도 있다. 전화로 확인해 보니 "죄송하지만 저희 회사에는 프로젝터가 없습니다"라고 간단한 답이 들려온다. 그 순간 내 머릿속에는 '아니, 프로젝터 없이 어떻게 강의를 하라고?'라는 생각이 스쳐간다. 그럼에도 불구하고 나는 "아, 그렇습니까? 괜찮습니다"라고 답한다.

그러곤 마음속으로 '파워포인트 없이 어디까지 강의할 수 있는지 시험해 볼 수 있는 좋은 찬스다. 내가 말만으로도 연수생들을 설득할 수 있는지, 한번 도전해 보는 거야'라고 생각한다.

'강의를 할 때 꼭 파워포인트가 필요하다'는 것은 오직 나의 가치관에서 비롯된 것이다. 그 생각을 버리고 '강의는 대화만으로도 할 수 있다'는 다른 가치관의 안경을 써본다면 당신은 뜻하지 않은 상황에서도 얼마든지 화를 내지 않고도 슬기롭게 위기를 극복할 수 있을 것이다.

불덩이가 치미는 상대라고 해도
그와의 만남에 감사한 마음을 가져보자

상대에게 버럭 화가 치밀고, 안달복달하게 되는 순간에도 그가 당신에게 잘해 준 것을 생각하고, 무엇보다 그를 만났다는 기적에 감사하자.

여하튼 누군가를 만난다는 것은 기적이다. 당신은 전 세계 63억 인구 중의 한 사람이다. 다른 한 사람을 1초씩 만난다고 가정했을 때 63억 명을 모두 만나기까지 얼마의 시간이 걸리는지 알고 있는가? 약 2백년 정도 걸린다.

그러나 한 사람을 1초 동안 만나는 커뮤니케이션은 있을 수 없으므로 우리가 매일 누군가를 만난다는 것은 모두가 기적에 가까운 일이다. 그러므로 아무리 싫고 역겨운 사람을 만나더라도, 만남 자체가 기적이라고 생각하고 그것에 감사드리자. 그리고 상대를 반면교사로 삼아 '나는 저런 사람은 되지 말자'고 다짐하면 그뿐인 것이다.

상대와 얘기를 나누다가 화가 났을 때, 분노를 그대로 터뜨리거나 부딪쳐서 사태를 악화시키기보다는 그 사람을 만난 것에 일단 감사하고, 그를 반면교사로 삼을 수 있다면 인생을 좀 더 부드럽게 보낼 수 있을 것이다. 뿐만 아니라 가치 없다고 여겨지는 만남을 통해 인생을 역전시키는 비법도 터득할 수 있게 될 것이다.

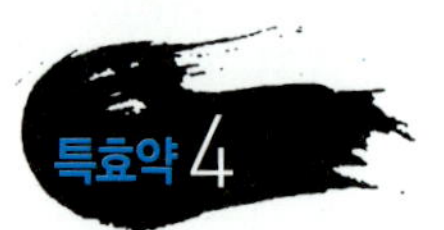

가치관의 안경을 바꿔 써라

똑같은 사실이나 현상임에도 불구하고, 사람마다 그 사실을 받아들이는 방법이 다른 이유는 무엇일까? 가령, 야구 시합에서 자이언츠 팀이 이긴 사실에 대해 기뻐하는 사람도 있고, 그 반대인 사람도 있다. 선거에서 내가 응원하는 정당이 승리한 경우 박수를 치는 사람이 있는가 하면 유감스럽게 생각하는 사람도 있으니 말이다.

인간은 누구나 '가치관'이라는 자신만의 안경을 통해 사물을 본다. 많은 사람들이 화를 내는 대부분의 원인도 자신의 '가치관'이라는 안경을 통해 보고 있기 때문이다.

깔끔한 것을 좋아하는 사람은 지저분한 사람을 보면 화가 나고, 성질이 급한 사람이 여유만만한 사람을 만나면 속이 터지기 마련이다. 그러나 이는 가치관의 차이일 뿐, 사실 어느 쪽이 옳고 그르다고 말할 수는 없는 문제다.

이런 경우, 자신과 다른 가치관의 안경을 써보라고 권하고 싶다. 사실을 보는 방법을 바꾸고, 사물을 받아들이는 방법을 바꿔 보는 것이다. 자신이 맞닥뜨린 일에 대해 그것을 어떻게 받아들이고, 대처하는가는 문제 해결에 있어서 매우 중요한 요소다. 뜻밖의 일을 당했을 때도 그것을 어떻게 받아들이느냐에 따라 터무니없는 해를 입을 수도 있고, 득을 볼 수도 있는 것이다.

어느 프로 복서가 "이 시합에서 지면 은퇴하겠다"고 말한 적이 있었다. 결과는 시합에 졌기 때문에 은퇴해야 했지만, 그는 몇 개월 후 돌연 "또다시 뛰고 있다"고 말했다. 이는 자신의 가치관 안경을 바꿔 썼기 때문이다. 처음엔 '이 시합에서 지면 은퇴하겠다'는 안경을 썼다. 그러나 실제 은퇴해서 몇 개월을 지내는 동안 '이런 일로 은퇴를 해도 좋은가?' '아무래도 지금 그만둘 수는 없다'는 안경으로 바꿔 쓰고 은퇴를 철회한 것이다.

한번 입 밖으로 낸 말을 번복한다는 것은 대단한 용기가 필요한 일이지만, 가치관의 안경을 바꿔 쓰는 것은 결코 창피한 일이 아니다. 일상생활에서도 이런 일에 대해 굳이 꼴불견이라거나 볼썽사납다고 생각할 필요는 없다. 그것이 나쁜 일이 아니라면 더더욱 그렇다.

가치관의 안경은 자주 바꿔 쓰는 게 좋다. 이 안경은 많으면 많을수록 좋다. 안경이 많을수록 폭넓은 교양을 갖게 된다.

나는 배움이 얕기 때문에 평생 열심히 공부했다. 공부해서 교양이 풍부해지고, 마음의 폭이 넓어지면 사물에 대한 이해의 폭도 넓어지고, 화도 내지 않게 된다. 나는 취직하기 전까지는 책을 읽은 적이 거의 없다. 만화책조차 읽지 않았다. 활자를 싫어하고, 교과서 이외의 책은 읽은 기억이 없으므로 책과는 담을 쌓고 지낸 셈이다. 그래도 이런 질문을 스스로에게 해본 적은 있다. '중·고등학교나 대학 시절을 돌아보면 왠지 책을 많이 읽는 아이들이 머리가 좋은 것 같았어. 왜 그렇지? 거기에는 분명 무언가 있는 게 틀림없어'라고 생각하며 불가사의하게 여겼다. 그런 생각을 품었어도 책을 읽지 않던 내가 취직을 계기로 차츰 책을 한 권 한 권 읽어나가기 시작했다.

그러나 갑자기 어려운 책을 읽으면 곧 싫증을 낼 것 같아 처음엔 주간 만화「영 점프」를 구입했다. 그 만화가 너무 재미있어 발매일인 매주 목요일에는 집 근처의 역에서 그것을 사서 통근 전철 안에서 모두 읽고, 시부야 역의 휴지통에 버리고 회사에 출근하는 습관이 생겼다.

만화를 읽었기 때문에 다음은 소설이라고 생각했다. 읽기 쉬운 소설부터 손에 잡기 위해 처음은 당시 유행했던 추리 소설 작가 아카가와 지로나 마쓰모토 세이초의 소설을 골랐고, 그다음 비즈니스 서적을 읽었다. 물론 그런 습관을 통해 지금은 독서를 대단히 좋아하는 사람으로 변했다.

내가 만화에서 소설, 그리고 비즈니스 서적으로 옮겨 간 것은 바람직했다고 생각한다. 갑자기 어려운 책을 읽으면 오래 지속할 수 없기 때문에 내 수준에 맞는 책에서 출발하여 한 계단씩 올라간 것이다.

이외에 나는 영화를 보는 것도 좋아한다. 감동적인 영화를 보면 인간의 다양한 심리를 이해하게 되고, 마음이 성장하게 된다. 또한 나는 신변에 있는 것들에 대해 되도록 많은 의문을 갖고자 한다.

가령 미네랄워터가 눈앞에 있다면 즉시 마시지 않고, 이 물의 근원지는 어디일까, 라는 의문을 가져본다. 미네랄워터에는 여러 종류가 있으므로 이 물에는 어떤 미네랄 성분이 많은가, 경수인가 연수인가, 가격은 어느 정도 되는가 생각해 보면 한 병의 물에서도 여러 가지 생각할 요소가 많다는 것을 깨닫게 된다.

이처럼 내가 날마다 겪는 지극히 일상적인 일에 대해서도 여러 가지 기준으로 바라보고 판단하는 습관을 가져보라. 이렇게 하면 지극히 화가 나는 순간에도 '저 사람으로서는 그럴 수도 있겠지'라는 너그러운 마음에 도달할 수 있게 될 것이다.

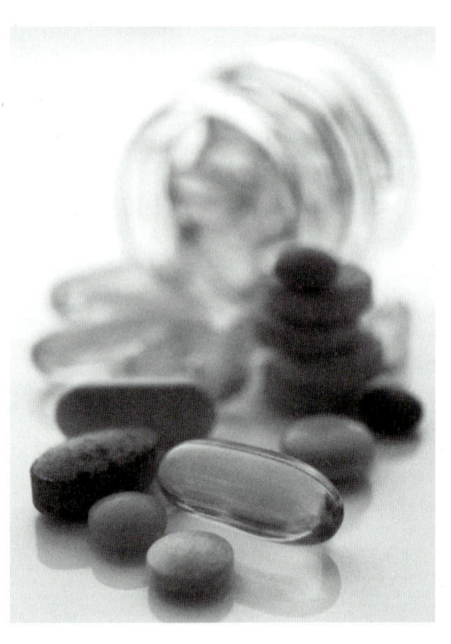

일단 그 자리에서 떠나는 게 약이다

내 마음속에는 내가 싫어하는 또 다른 모습의 내가 살고 있다. 그 걸쭉한 검은 심보가 무엇인지 나도 잘 모르지만, 간혹 생각지도 못했던 순간에 불쑥불쑥 얼굴을 내밀곤 한다. 인간은 감정의 동물이기 때문에 평소 감정을 컨트롤하는 훈련을 해도 마음에 걸리는 이야기를 듣거나 부당한 일을 당하게 되면, 본능적으로 자신이 싫어하는 또 다른 나의 모습이 튀어나오게 마련이다.

그럴 때는 상대의 일을 곡해하고, 질투하고, 비꼬아 말하는 나를 보게 된다. 때로는 상당한 분노를 표출하기도 한다. 자신도 누군가로부터 그런 말을 듣거나 부당하게 취급 받으면 펄펄 뛰면서, 상대에게는 무언가에 홀린 듯 아무렇지도 않게 그런 행동을 하는 것이다. 그래서 나는 내가 싫어하는 또 다른 나의 모습이 밖으로 튀어나올 것 같으면 그 장소에서 일단 도피하고 본다.

가령, '잠깐 기다려줄 수 있겠니?' '서류를 가져와도 괜찮겠지?' '화장실에 갔다 와도 될까?' 등으로 둘러대고 그 자리를 뜬다. 하여튼 보이고 싶지 않은 내 모습이 드러날 것 같으면 무슨 이유를 대서라도 그 자리를 벗어난다.

사무실에서 일하고 있을 때라면 그 근방을 걸어 다니거나, 다른 층의 복도를 택해 걷는다. 가까운 곳에 출구가 있으면 밖으로 나가 심호흡을 하면서 마음을 진정시킨다. 몸과 마음이 하나의 세트를 이루는 것처럼 몸을 움직이면 감정을 바꿀 수 있다. 마음 깊은 곳에서 목을 죄어오는 것 같은 싫은 내 자신을 느낄 때도 몸을 움직여서 다시 나를 진정시키곤 한다. 서서히 마음이 가라앉고, 다른 가치관의 안경을 끼고, 싫은 내 모습을 마음 깊은 곳에 완전히 가둘 수 있고, 평소처럼 얘기할 수 있게 되면 그때 다시 내 자리로 돌아온다.

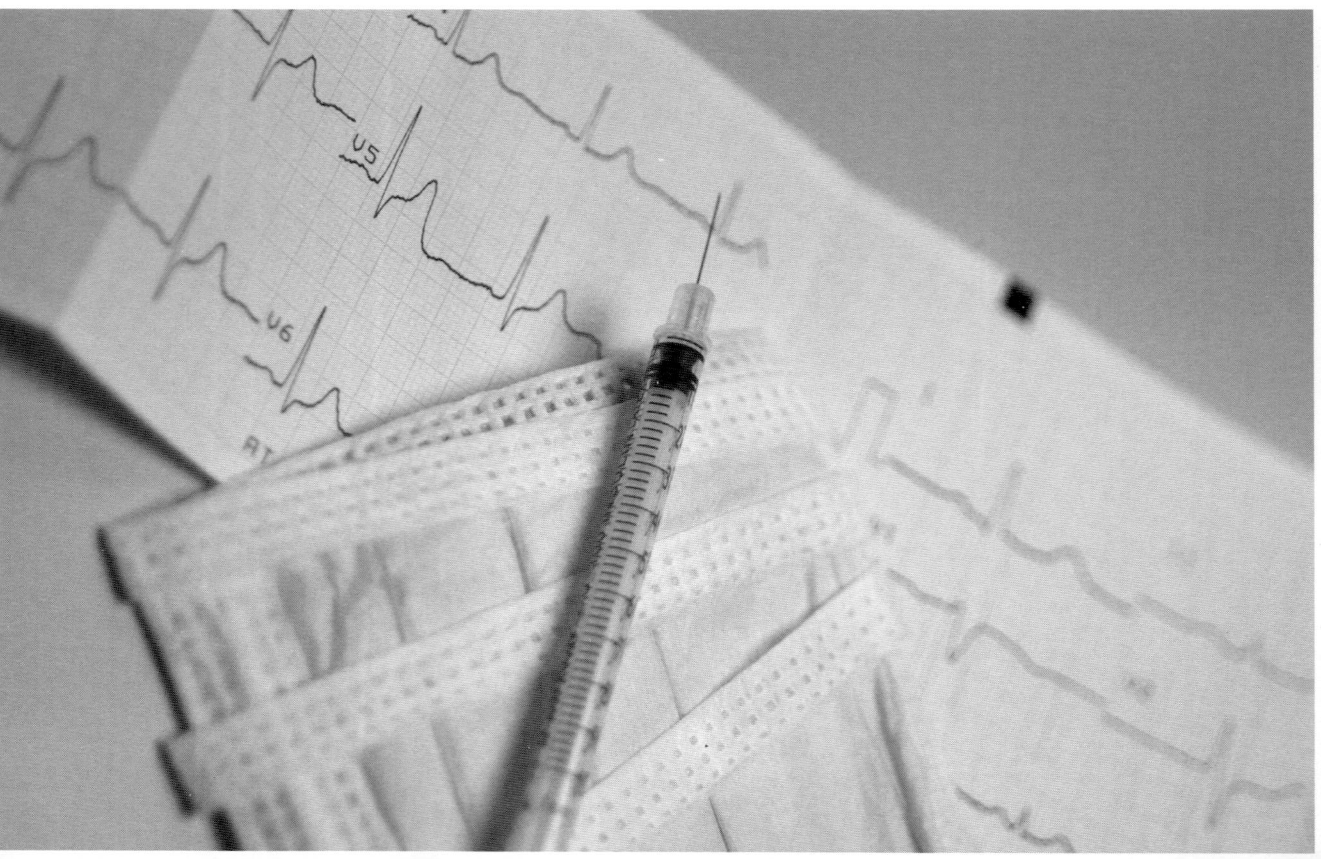

U5
U6

화가 나는 상황을 만들기 전의 감정,
즉 제1감정을 중요시하라

어느 날 아버지가 밤늦게 귀가한 딸에게 "지금 도대체 몇 시냐? 이제 좀 그만 늦게 다닐 수 없니?"라고 화를 내며 꾸짖었다. 딸은 부루퉁해서 자기 방으로 들어간다. 그 순간 두 사람의 관계는 나빠질 수밖에 없다. 하지만 처음 아버지의 감정은 정말 분노였을까?

어느 책에서 읽은 바에 의하면, 감정은 제1감정이라는 메인 감정과 제2감정이라는 서브 감정이 있다. 여기에서 아버지의 분노는 제2감정이다. 그러면 제1감정은 무엇이었을까? 그것은 딸에 대한 걱정이다. '딸이 집에 늦게 들어오면 무슨 일이 있는 것은 아닐까 걱정이 된다.' 이게 바로 제1감정이다.

감정을 컨트롤함에 있어 중요한 것은 제1감정을 깨닫는 것이다. 이 경우, 아버지는 자신의 마음속에서 일고 있는 불안감이나 안절부절못하는 상태를 객관적으로 보고, 그것은 딸을 걱정하는 마음에서 비롯된 감정이라는 것을 깨달을 수 있어야 한다.

그러면 딸이 늦게 귀가했을 때 화를 내지 않고도 "걱정했었잖니? 무슨 일 있었던 게야?" "늦게 들어오면 가족들이 걱정하니 전화나 문자라도 좋으니 꼭 연락해라"라고 말할 수 있을 것이다.

나도 제2감정을 어렵게 컨트롤한 적이 있다. 결혼 전, 아내와 데이트 약속을 했는데 아내가 크게 지각을 한 것이다. 나는 성격이 매우 급한 편이라 화가 많이 나 있었다. 아내의 집에 전화를 했지만 부재중이었다. 당시는 휴대전화가 일반화되지 않은 시절이라 달리 연락을 취할 방법이 없었다. 나는 '별도리가 없다'고 생각하고 인내심을 갖고 기다렸다. 마침내 약속한 시간보다 2시간이 지나서야 아내가 나타났다.

아내를 기다리고 있는 동안, 화가 울컥 치밀어 '가버릴까?' '오면 딱

치는 대로 화를 내버려야지' 하는 생각도 들었다. 그러나 나는 조금 더 기다리며 생각했다. '지금 늦어서 어쩔 줄 몰라 하는 사람은 아내일 것이다. 그리고 솔직히 나는 그녀를 만나고 싶어 한다. 지금 화를 내고 있는 나는 실제의 내가 아니다'라는 것을 깨달았다. 그리고 그녀가 나타났을 때 화를 억누르며 말할 수 있었다. "오늘은 더 이상 못 만나는 줄 알았네. 무사히 만날 수 있어서 됐어. 우리가 이렇게 만난다는 게 중요해."

나는 화가 나기도 했지만 그녀를 만나고 데이트를 하는 것은 기쁘고 즐거운 일이었기에, 나의 제1감정을 솔직히 인정한 것이다. 그러자 아내는 감격을 했다. 이 일은 훗날 아내가 나를 결정하는 데 긍정적으로 생각할 수 있는 계기가 되었다고 한다. 내가 만나고 싶다는 제1감정을 뒤로하고, 제2감정에 사로잡혔다면 그녀의 얼굴을 본 순간 버럭 화를 냈을지도 모른다. 만약 그랬다면 우리 두 사람이 결혼으로 골인하는 일은 없었을는지도 모른다.

불쾌한 일이 있다면 반드시 그때그때 털어버려라

자신에게 매우 불쾌한 일이 있거나 화가 치밀어오를 때는 되도록 그 일을 빨리 털어버려라. 마음에 쌓아두는 것은 좋지 않다. 화가 격화되어 마침내는 폭발해 버리고 만다.

사람의 마음은 어느 한계를 넘으면 회복이 어려울 정도로 비틀어지게 되고, 악감정이 굳어지게 된다. 무엇이든 상관하지 말고 털어버리면 심플한 사람으로 변화될 수 있다. 털어버리는 장소나 사람은 당신의 선택에 달려 있다.

털어버리기 위해서는 자신의 블로그나 일기에 기록하는 방법도 있다. 문자로 자신의 생각을 남기면 마음의 변화를 쉽게 알 수 있어 기분이 정리되고, 그것만으로도 화가 나는 감정을 해소할 수 있다. 친한 친구에게 숨김없이 말하는 것도 좋은 방법이다. 말을 하는 것만으로도 기분이 훨씬 좋아질 것이다.

사람은 말로 생각을 털어놓는 것으로 마음을 가볍게 할 수 있다. 혼자 끙끙 앓으면서 해결하려고 하면 우울증밖에 생기지 않는다. 때문에 무슨 일이라도 말할 수 있는 친구나 지인을 갖고 있는 것이 좋다.

나에게는 '형님'이라고 부르는 사람이 있다. 그는 내가 샐러리맨 생활을 하던 시절의 선배이자, 동료 경영자이기도 했지만 농담은 물론 진지한 일의 대화까지 전능한 사람이다. 때문에 일이 생기면 그와 함께 술을 마시면서 대화를 나눈다. 그러면 다소 푸념도 하게 되고, 마음속에 있는 여러 가지를 털어버리게 된다.

이런 지인이 한 사람이라도 있으면 자신의 감정을 스스로 컨트롤할 수 없을 때 많은 도움이 된다. 불쾌한 일을 만나거나 푸념을 하고 싶을 때 그것을 기탄없이 얘기할 수 있는 사람이 있다는 것은 매우 유익한 일이다.

단, 누구라도 좋다는 뜻은 아니다. 상대가 회사 동료처럼 자신과 사회적 관계가 있는 사람이라면 뜻하지 않은 일로 미묘한 알력이 생겨 점점 자신의 마음을 괴롭히는 결과를 낳을 수도 있다. 때문에 일과는 전혀 무관하며, 솔직하게 마음을 털어놓을 수 있는 지인, 남편인 경우는 아내라도 좋다.

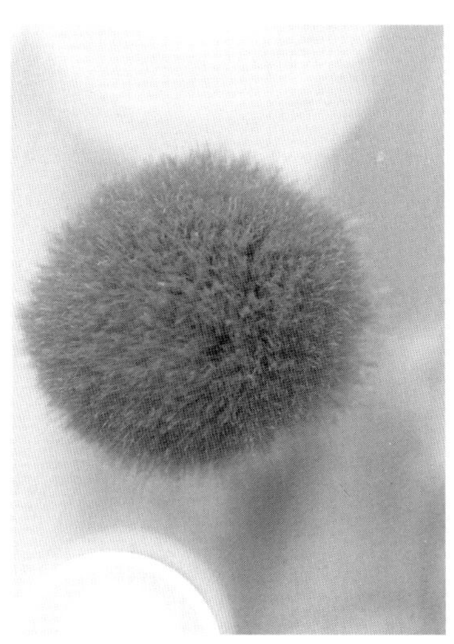

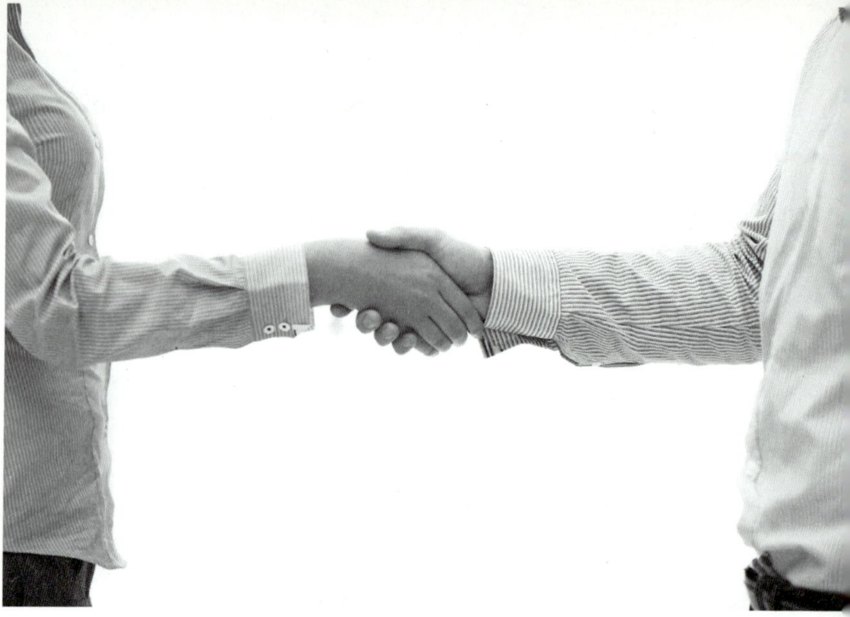

실수가 있었을 때는 그 즉시 사과하라

실패나 실수는 누구나 할 수 있다. 이럴 때는 즉시 사과하라. 실패하지 않은 척, 실수하지 않은 척해도 자신의 마음만은 속일 수 없을 것이다. 속으로는 실수했다는 것을 명확히 알고 있다. 양심을 속이는 것은 초조나 스트레스와 연결되어 있다. 때문에 스스로 틀렸다는 생각이 들면 자신보다 나이가 어린 사람이거나 부하 직원이라

해도 솔직히 사과하자.

실수를 하거나 실패를 했다면 곧 사과하는 것이다. 상대에게 폐를 끼쳤을 때도 사과하자. 이런 것은 초등학생들도 잘 알고 있고, 너무나 당연한 일이다. 그러나 어른이 될수록 그 당연한 일을 좀처럼 쉽게 하지 못한다. 나이, 커리어, 지위 등에 의해 형성된 자존심이나 아집 등이 걸림돌이 되어 솔직하게 사과하는 일이 어렵게 되는 것이다.

실제 있었던 이야기다. 나는 지각이나 결근에 철저한 사람이다. 나 자신도 지각을 하지 않으려고 무척 노력한다. 그런데 어느 날 딱 한 번 지각을 하고 말았다. 평상시 부하 직원에게 "지각이나 하고 다니고!"라고 말했던 장본인이 지각을 했기 때문에 체면이 말이 아니었다.

나는 회사에 뛰어 들어가서 큰 소리로 "죄송합니다"라고 말하고 자리에 앉았다. 그날 마침 저녁에 회식이 있어 나는 전 직원에게 술을 따라 주며 약간은 유머러스하게 "죄송합니다" "면목없습니다"라는 말로 사과를 했다. 상대에 맞춰 사과하는 방법도 다르겠지만 실수를 하거나 실패를 했을 때는 이유를 달지 말고 무조건 솔직하게 사과하는 것이 중요하다. 이는 부모 자식 간에도 마찬가지다. 과실을 했을 때는 아이에게라도 분명히 '미안하다'라고 말할 수 있어야 한다.

'아무렴 어때?' '뭐, 상관없어!'라는 정신도 중요하다

컨트롤할 수 없는 일에 화를 버럭버럭 내봐야 소용없다. 이럴 때는 오히려 '뭐 상관없어!'라고 생각하는 것이 의외로 득이 된다. '뭐 상관없어!'는 어쩌면 타협을 연상시키는 말일 수도 있다. 그러나 나에게 있어 이 말은 '버린다'는 의미다. 나는 체념은 잘 하지 않아도 '버리는' 것은 좋다고 생각한다.

인간은 좀처럼 버리는 일을 잘 못한다. 그러나 여러 가지를 너무 많이 안고 있으면 생각도 많아지고, 순조롭게 진행되지 않을 경우 스트레스와 짜증도 조금씩 늘어간다. 때문에 용기를 갖고 버리는 것이다. 이때 '뭐 상관없어!'를 한번 생각해 보자. '상관없어!'라고 말했어도 중요한 것은 나중에 분명 다시 한 번 생각하게 된다. 한편 '상관없어!'라고 생각하여 버리는 것은 자신에게도 그만큼 중요한 것이 아니기 때문에 버리게 되는 것이다. 자꾸 버리고, 끊는 것을 잘해야 정말 중요한 것만 옆에 남게 된다.

상황은 곧 변하므로 조금만 참으면 반전된다고 믿어라

나는 샐러리맨 생활을 6년간 해 왔다. 2년 반 정도 근무했을 무렵 '이 젠 더 이상 못 하겠다. 이 일을 그만두자'라고 생각한 적이 딱 한 번 있었다. 이유는 간단하다. 그 당시 상사가 너무 마음에 들지 않았기 때문이다. 그가 일하는 방법이나 사고방식에 따를 수가 없었고, 그 이상은 무리라고 판단하여 진지하게 퇴직을 결심한 것이다. 나는 집 으로 돌아와서 아버지께 말씀드렸다.

"실은 회사를 그만두려고 생각하고 있어요. 상사의 일하는 방법 이나 사고방식에 더 이상은 따를 수 없어요. 실은 이미 다른 회사 를 소개 받았는데, 그 회사는 실적도 좋고, 거기서 열심히 일해 볼 까 합니다."

그러자 아버지는 나를 질책하셨다.

"무슨 말을 하고 있는 거냐? 한 가지 일을 3년간 이 악물고 해보지 않은 사람이 다른 회사에 가서도 열심히 일할 수 있을 것 같니?"

그러고는 이렇게 덧붙이셨다.

"아무리 상사가 싫고 마음에 들지 않는다 해도 그가 평생 너의 상사 로 있을 것도 아니잖니? 회사란 전근도 있고, 이동도 있기 때문에 상사는 바뀔 수 있다. 때문에 그만 한 일로 회사를 그만둔다는 것 은 어리석은 일이다."

나는 내 생각에 동조를 얻고 싶어서 아버지께 상담하러 갔는데, 아버지가 말씀하신 '돌 위에서도 3년'이라는 말에 설교를 당한 셈이 되었다. 결국 미적미적하면서 회사에 사표를 내지 못하고 반년을 지냈다. 그리고 반년 후 상사는 이동을 했고, 내가 그 부서의 톱 자리에 오르게 되었다. '내가 상사라면 이렇게 하겠다'고 생각한 일이 현실적으로 가능한 입장이 된 것이다. 나는 반년 전 회사를 그만두지 않기를 정말 잘했다고 생각했다.

살아가면서 불쑥불쑥 화가 치밀고, 안절부절못하는 일은 얼마든지 생길 수 있다. 하지만 그 상황은 결코 오래 가지 않는다. 좀 더 인내심을 갖고, 생각을 바꾸고, 조금만 기다리면 상황은 얼마든지 반전될 수 있다. 요즘처럼 눈 깜짝할 사이에 변하고 있는 세상 속에서는 더욱 그러하다.

그래도 화가 가라앉지 않을 때는 잠을 자라

좀처럼 화가 가라앉지 않을 때가 있다. 이럴 때는 술을 약간 마시는 것도 좋지만, 무엇보다 잠자는 것이 최고다. 아침에 일어나면 어제 그렇게 화를 냈던 일이 대수롭지 않게 여겨지는 경우도 의외로 많기 때문이다. 시간이 해결해 준다는 말이 결코 틀린 말이 아니다. 복잡한 문제가 있을 때, 굳이 해결하려고 애쓰지 않아도 시간이 흐르면 자연히 정리된다는 뜻일 것이다. 여기에 하나 더 첨가해 말한다면 잠을 잔다는 것에는 중요한 의미가 있다.

실은 화가 나고 안절부절못하는 원인이 '피로'에 있는 경우가 많다. 피곤하면 화를 쉽게 내게 되고, 마음에 안정을 찾기도 어렵다. 이는 뇌가 피곤해 있다는 증거로 상대에 대한 배려를 가질 수 없음은 물론, 신경이 예민해져 작은 일에도 쉽게 짜증이 나는 것이다.

숙면을 취하고 일어나면 뇌가 새롭게 충전되어 '뭐 그런 일로 내가 화를 다 냈었나?'라는 생각이 들 것이다. 때문에 화가 날 땐 자신의 뇌가 지금 피곤한 상태는 아닌지 한번 체크해 볼 필요가 있다. 이럴 때일수록 일을 빨리 마치고 잠자리에 드는 것이 비책이다.

Epilogue

'당신 참 멋지다!'라는 말을 들으며 살아간다는 것

나는 학창 시절, 교사가 되겠다고 생각한 적이 있었다. 학원 드라마 〈유희가 언덕의 총리대신〉을 보고, 가르치는 일을 평생의 직업으로 삼고 싶다고 생각했다. 독립해서 회사를 창업한 후 상장하기 3년 전부터 '기회가 오면 그만둘 생각을 한다'고 다른 임원에게 타진을 해본 적도 있었다. 마침내 회사 상장이 이루어졌을 때, 나는 간신히 동료들의 승인을 얻어 회사를 그만두고 염원하던 교육 사업을 할 수 있게 되었다.

나는 〈상사학(上司學)〉이라는 분야를 가르치기 시작했다. 〈상사학〉에서는 제일 먼저 상사 자신이 매력적으로 변하는 것을 목표로 한다. 부하는 상사를 보고 배운다. 부하 직원을 변화시키고 싶다면 우선 상사 자신이 '상사란 어떤 모습이어야 할까'를 깊이 생각하고, '안목과 사고력'을 키워 실천하지 않으면 안 된다.

그 다음은 부하 직원과의 일대일 커뮤니케이션이다. 상사로서 아무리 훌륭한 생각을 갖고 있어도, 마음을 열어 보이지 않는 관계라면 상사의 생각이 부하 직원에게 제대로 전달될 리가 없다. 때문에 커뮤니케이션의 기술, 테크닉을 공부하여 부하 직원과의 관계 강화를 위한 밑그림을 그릴 수 있어야 한다.

매력적인 상사가 되고, 부하 직원과 최고의 인간관계를 구축할 수 있으면 마지막 단계는 조직을 결성하는 것이다. 자신이 통괄하는 조직 전체를 강화하여 생산성이 높은 집단을 만드는 것이다. 〈상사학〉은 사회도 활성화시킨다.

〈상사학〉을 배운 매력적인 상사는 부하 직원과 좋은 관계를 형성하고, 조직도 강화시킬 수 있다. 그리고 그 안에서 우수한 인재를 키워나간다. 그리하여 훗날 부하 직원도 자신의 상사가 그랬던 것처럼 매력적인 상사가 되고, 역시 부하와 좋은 관계를 구축하고, 조직을 강화시키고 새로운 인재를 육성해 간다. 이와 같은 플러스의 연쇄 사이클에 의해 우수한 인재가 생산되고, 그 인재가 차츰 사회로 배출되는 것이다.

나의 사회적 이념이자 인생 이념은 '인간과 기업에 우수한 문화를 형성하여 성장에 기여하고, 풍족한 사회와 밝은 미래를 만드는 데 공헌하는' 것이다.

그렇다면 지금부터 '풍족한 사회와 밝은 미래를 만들' 사람은 누구인가? 바로 우리의 청년들이며, 자녀들이다. 여기에는 아이들이나 젊은이들에게 '멘토'가 될 수 있는 어른, 존경 받을 수 있는 어른이 많이 필요하다.

가령, 아이들이 어른들에게서 매일 피곤하고 졸린 듯한 얼굴이나 한숨을 짓고 있는 모습을 본다면 어떤 생각을 하게 될까? 토요일과 일요일에는 집에서 뒹굴면서도 아이가 놀러가자고 하면 피곤하기 때문에 못 간다고 용서를 구하는 아빠…. 간혹, 아이와 함께 디즈니랜드에 갔을 때도 아내와 아이는 신나게 즐기고 있는데, 아빠는 혹시 벤치에 앉아 낮잠을 자는 것은 아닌지? 이런 어른들을 봤을 때 아이가 그런 사람을 보고 싶어 하거나, 닮고 싶다는 생각을 할 수 있을까? 결코 아닐 것이다.

비즈니스맨도 일단 집에 돌아오면 부모로서 잘 사는 모습을 보여줘야 한다. 부모가 매력적이 되어 아이들에게 '이렇게 행동하면 훌륭한 사람이 될 수 있어'라고 희망이 넘치는 말을 할 수 있으면, 아이들은 이상을 품고 빨리 어른이 되고 싶어 할 것이다. 존경하는 어른을 옆에서 보는 것만으로도 장래에 희망을 갖게 된다. 매력적인 어른이 많아지는 것이야말로 미래의 세상을 좋게 만드는 비결이다.

이 책은 감정을 컨트롤하는 방법을 한데 모은 것이다. 세상에서 좀 더 심플한 성공 법칙은 '생명과 시간'을 중요시 여기는 것이다. 불쾌하고, 안절부절못하고, 화가 나는 등의 마이너스 감정은 우리의 인생을 그만큼 하찮은 것으로 만든다는 것을 알게 될 것이다.

또한 자신의 감정을 컨트롤할 수 있으면 인생을 바꿀 수 있다는 사실에 대해 말하고 있으며 많은 가치관과 사물을 받아들이는 방법, 생각하는 방법에 관한 노하우를 소개하고 있다. 그리고 모두 오늘부터 당장 활용할 수 있는 것들이다. 이 책을 주위의 많은 사람들에게 읽어주는 것만으로도, 이 사회에 아이들이 동경하는 어른들이 넘쳐나고 '정말 태어나길 잘했어'라고 생각할 수 있고, 자유롭고 풍요한 사회를 만드는 데 공헌할 수 있다고 본다.

나의 눈앞의 과제는 '아빠 멋있어, 존경해!'라는 말을 듣는 존재가 되는 것이다. 여러분도 자녀들로부터 '엄마, 아빠 존경해'라는 말을 들을 수 있을 만큼 멋지게 살아보겠다고 생각한 적이 있는가? 반드시 이 점을 의식하고, 최선을 다해 동경의 대상이 될 수 있는 멋진 어른이 되기를 바란다.

시마즈 요시노리

아까운 내 인생 분노 없이 즐기는 성공 습관

화내지 않는 기술

초판 1쇄 발행 2011년 4월 20일
8쇄 발행 2014년 1월 30일

글 시마즈 요시노리
펴낸이 김우연, 계명훈
기획·진행 f book | 김수경, 김연, 최윤정
마케팅 함송이
번역 김혜정
감수 문재성(용인송담대학 시각디자인과 교수)
디자인 cocoadesign(02-335-3012)

펴낸곳 for book | 주소 서울시 마포구 공덕동 105-219 정화빌딩 3층
판매문의 02-753-2700(에디터)
인쇄 미래프린팅
출판 등록 2005년 8월 5일 제 2-4209호

값 12,000원
ISBN 978-89-93418-30-9   13040